JN046017

南小国町の奇跡

稼げる町になるために大切なこと

DHE株式会社 代表取締役社長
柳原秀哉

CCCメディアハウス

はじめに

わずか人口4000人の町が「稼げる町」に生まれ変わった

人口4000人の小さな町で、〝すごいこと〟が起こっています。

28年赤字続きだった町の物産館が、1年も経たないうちに黒字化。債務超過寸前の累積赤字7000万円超は、この数年のうちに解消する見込みとなりました。

2017年度に1億円だったふるさと納税寄付額は、2年で750％増に。コロナ禍に見舞われた2020年度も、前年度を上回ることが確定しています。

町の中心部にはおしゃれなコワーキングスペースが完成し、町内外の若者が訪れています。町中でも若い人の姿が目立つようになったと、口々に住民が言っています。

この劇的な変化の秘密を知りたいと、町外からの視察依頼が後を絶ちません。

熊本県の東北部に位置する、阿蘇郡の南小国町（みなみおぐにまち）。

それがこの本の主役であり、舞台です。

本書で紹介するのは、日本全国どこにでもあるような小さな町が、「稼げる町」に生まれ変わるまでのストーリーです。

人気温泉地「黒川温泉」の町が抱えていた悩み

南小国町をご存じでない方でも、「黒川温泉」の名前は聞いたことがあるのではないかと思います。

南小国町は、黒川温泉のある町です。黒川温泉には約30の温泉宿が点在し、年間100万人以上の観光客が訪れます。毎年のように人気温泉ランキングのトップ10に入る人気温泉です。

これほどの「キラーコンテンツ」がある町です。大きな広告宣伝費をかけずとも観光客がやってくるし、それほど町は困っていないのではないか。そう思われるかもしれません。

しかし、南小国町には悩みがありました。

黒川温泉に泊まる宿泊客の満足度は高く、リピーターも多い。一方で、滞在時間が短く、温泉以外の体験での消費額が非常に少ない。つまり、経済的に潤うのは黒川温泉周辺だけという状況だったのです。

南小国町の主要産業は農業や林業で、いずれの産業も担い手不足が深刻な問題となっています。魅力的な農林産品があるにもかかわらず、ブランド化や高付加価値化もまだ十分ではありません。

南小国町は里山の風景が美しい町としても有名で、ＮＰＯ法人「『日本で最も美しい村』連合」に加盟しています。この美しい景観は、人が定期的に手入れをしなければ保てないのですが、ここにも担い手不足の問題が立ちはだかります。手入れができないと里山の景観を維持できず、順調な観光業にまで悪影響をあたえてしまう可能性があります。

ただ、黒川温泉をはじめとする観光業も悩みがないわけではありません。天候や災害、景気の影響をまともに受けてしまうからです。

２０１６年の熊本地震では、黒川温泉も観光客の減少に悩まされました。そして、２０２０年に世界を襲ったコロナ禍。全国屈指の人気温泉地も、少なからず影響を受けています。

コロナ禍でも物産館の売上とふるさと納税は対前年比プラス

ところが今、南小国町そのものは絶好調です。コロナ禍でも、その勢いは衰えていません。緊急事態宣言や休業要請の影響は多少あったものの、物産館の売上とふるさと納税寄付額はいずれも対前年比プラスの結果を出しています。

コロナ禍にあっても、南小国町がこれだけ稼げているのには理由があります。「観光で稼ぐ町」から「町全体で稼ぐ町」に生まれ変わったからです。

そして、その立役者となったのが、２０１８年7月に設立された日本版ＤＭＯ「株式会社ＳＭＯ南小国」なのです。

ＤＭＯとは、観光地域づくり法人（Destination Management/Marketing Organization）の略称です。

南小国版ＤＭＯである「ＳＭＯ南小国」は、「南小国町総合物産館きよらカァサ」と「南小国町観光協会」の機能を融合してつくられた中間支援組織です。「地域商社」「観光振興」「情報発信」「未来づくり」という4つの事業のもと、町の各産業が観光を軸に連携して、町全体で稼いでいくための事業を回しています。先に紹介した物産館もふるさと納税も、SMO南小国の事業です。

社員数は42人。そのうち14人は県外出身者です。SMO南小国のまちづくりに魅力を感じて、ここで働くために移住してきた若者もいます。SMO南小国は仕事と雇用の創出にも一役買っているのです。

2021年1月現在、SMO南小国のようなDMOは全国に300近く（登録DMOと候補DMOを合わせた数）あり、地方への誘客や旅行消費拡大をめざして活動をおこなっています。ただ、全国のDMOがその機能を十分に果たしているかと問われると、私は首をかしげざるをえません。

地域内で合意形成をして商品や仕組みを整え、しっかり稼げていると胸を張れるDMOがどれだけあるでしょうか。DMOとして利益を出し、自力経営できている組織は、全国的に見てもごくわずかです。

しかし、悲観することはありません。どこかに問題があるのなら、その問題を解決すればいいのです。

観光地域づくりに「事業開発」視点を取り入れる

その解決のカギとなるのが、「事業開発」の視点です。

町に事業開発の手法を持ち込み、稼ぐためのエンジン（ビジネスモデル）をつくる。能力はあるけれども埋もれている人に、適材適所で力を発揮してもらう。機能していない組織は機能させる。

会社を経営するように、町を経営するのです。町として、きちんとお金を稼ぐのです。

私の知る限り、日本全国どんな地域でも、抱えている課題は驚くほど似通っています。人口が減少し続けている。機能していない第三セクターが放置されている。能力はあるのに活躍できていない人がいる——。

そうした組織や人を見つけて、「機能」するように変えていくのです。今はビッグデータを活用すれば、ずいぶんいろいろなことがわかるようにもなりました。なんとなく感じてはいるけれども根拠のなかったこと、正しいかどうかはっきりしなかったことも「見える化」して、解決策を考えていくことができます。

南小国町とSMO南小国は3年をかけて、まさにそれを実践してきました。現在の好調ぶりは、その結果なのです。

＊＊＊

ごあいさつが遅れました。ＤＨＥ株式会社の代表をつとめる柳原秀哉と申します。

私たちは、ＩＴやマーケティング、ブランディングにおける専門知識を生かし、課題解決のための事業開発を通じたソリューション提供をおこなっています。具体的には、データ等の客観情報を活用して現状や課題を「見える化」し、その課題の解決に役立つようなネット配信動画の制作、ウェブサイトの構築、ＳＮＳの運用等のデジタルマーケティングを得意とする会社です。

私自身は学生時代に起業を経験し、大学卒業後は広告代理店に勤務しました。その後、創業まもないデジタルハリウッド株式会社（以下、デジハリ）に入社します。

デジハリでは、ＩＴやデジタルに強い人材を育成する学校の立ち上げや広報を担当しました。学校を立ち上げる場所を決めたら、その地域に深くコミットして、地域に適したビジネスモデルをつくり上げる。軌道に乗ったら現地スタッフにまかせて、また次の地域へ。こうして八王子、大阪、福岡、ソウルで学校の設立に従事してきました。

デジハリの子会社、デジタルハリウッド・エンタテインメント株式会社（DHEの前身）の代表となってからは、企業法人の事業開発案件に加えて、ブランディングやマーケティングのお手伝いをする機会が増えています。

地方でも仕事を始めるようになったのは2015年から。インバウンド需要に対応した滋賀県大津市の観光ホームページ制作を受注したのがきっかけです。

2015年は日本版DMO登録制度が創設され、流行語大賞に「爆買い」が選ばれた年でもあります。年間の訪日外国人旅行者数は1973万人を突破。この年を境に、地域活性化をテーマに全国各地からご相談をいただくことが増えました。

南小国町からDMO設立のご相談をいただいたのもこのころです。2017年12月、当社は南小国町から正式にコンサルティングのご依頼をいただき、南小国町の観光地域づくりを3年間、お手伝いすることになりました。

あれから4年が経ち、南小国町は大きく変わりました。SMO南小国を中心に「町全体で稼ぐ」ことが実現しつつあります。

コロナ禍の今、黒川温泉をはじめとした町の温泉郷の客足は不安定です。それでも、町全体としては稼げています。その利益を活用して、人口４０００人を切る町が独自の補助金を出しているのです。

本書では、この南小国町の３年にわたる取り組みを紹介します。

第１章から第４章までは、ＳＭＯ南小国設立前の南小国町の現状、ＳＭＯ南小国設立の準備、設立後の成果と順を追ってみていきます。町の人たちがどう考え、どのような行動を起こしたかを具体的に描いていきます。通して読むと、地方が観光を軸に地域全体で稼ぐ方法がおのずと浮かび上がってくるはずです。

コロナ禍を経験した南小国町が今、なにを考え、どんな取り組みをしているかについても第５章、第６章でふれます。地方がコロナ禍や人口減少をものともせず、生き残っていくためのヒントになれば幸いです。

南小国町はどのようにして「稼げる町」に生まれ変わったのか。それを知っていただくために、まずはみなさんを南小国町にお連れしましょう。

目次

はじめに

第1章 黒川温泉のある町、南小国

町ぐるみの観光地域づくりが始まった

第2章

「あるべき姿」づくりでゴールを設定する

町の魅力を「みつける」

第4章
町長も驚いた、南小国町の〝奇跡〟
「3本の矢戦略」を実行する

第5章 南小国町は、これからどこをめざすのか

「おすそわけ」の精神で持続的発展へ

第6章 なぜ、南小国町はうまくいっているのか

観光地域づくり成功のヒント

ブックデザイン　轡田昭彦＋坪井朋子
編集協力　横山瑠美
校正　円水社

南小国町の観光地域づくりのプロセス

2017年12月	「南小国版DMO設立検討委員会」組成
2018年3月	検討委員会が「南小国版DMO」の設立を町役場に提言
2018年4月	「南小国版DMO設立検討委員会」を「南小国版DMO設立準備委員会」に改称
2018年6月	委員会で「株式会社SMO南小国」設立を決議
2018年7月	「株式会社SMO南小国」設立。北岡敦広氏がCOOに就任
2018年12月	SMO南小国取締役会にて「3本の矢戦略」を決議
2019年3月	SMO南小国取締役会にて事業計画書(事業戦略を含む)を決議
2019年5月	「未来づくり拠点MOG」オープン
2019年10月	安部浩二氏がCOOに就任
2020年3月	南小国町とDHEとの契約終了

第1章

黒川温泉のある町、南小国

町ぐるみの観光地域づくりが始まった

阿蘇エリアにある南小国町

南小国町のことは知らなくても、「阿蘇《あそ》」といえばイメージが思い浮かぶ人は多いのではないでしょうか。阿蘇五岳《ごがく》、雄大な草原、牛や馬が草を食《は》む風景。この阿蘇エリアに南小国町はあります。

南小国町に行くとき、私はいつも、熊本市内に停めてある車で向かいます（現在は東京と2拠点生活）。活火山・阿蘇山の方角に向かって車を走らせていくと、阿蘇特有の雄々しい風景が目に飛び込んできます。阿蘇のカルデラ壁を横目で眺めながら国道212号線を北上していくと、車はやがて南小国町に入っていきます。熊本市内から南小国町までは車で1時間半ほどです。

町に入ると、道の両側には阿蘇ならではの草原や、ブランド杉として名高い小国杉の木立が見えてきます。草原は春夏には青青と茂り、秋冬には枯れて薄茶色に。早朝や夕暮れ時は光を受けて黄金色に輝いています。この風景を見ると、「ああ、南小国町に来たな」という実感がわいてきます。

南小国町は、熊本県阿蘇郡にある人口３９２６人の町です（２０２０年12月末現在）。熊本県の東北部、九州最大の河川・筑後川の源流域に位置しており、西は福岡県、東は大分県に接しています。阿蘇外輪山、九重《くじゅう》連山の標高４３０～９４５メートルにあって、町の一部は阿蘇くじゅう国立公園に属しています。総面積は約１１６平方メートルです。

主産業は農業、林業、観光業です。町内生産額の割合を見ると、農業は５％、林業は２％、観光関連産業が44％を占めています。第一次産業の農業と林業は、町内生産額こそ少ないものの、里山の風景とめぐみの源となる重要な存在です。

農業では米や野菜、肉用牛、花きの生産が盛んです。林業ではブランド杉「小国杉」が知られており、町の総面積の約80％を森林が占めています。

観光業の目玉は、なんといっても人気温泉地・黒川温泉です。宿・ホテル予約サイト「じゃらん」のネットユーザーによる「人気温泉地ランキング２０２１」では第６位。毎年のようにトップ10にランクインしています。

黒川温泉は「黒川温泉一旅館」をコンセプトにしています。温泉郷全体が、まるで一つの旅館であるかのような統一した雰囲気づくりが特徴で、山あいの素朴な雰囲気が魅力です。黒川温泉の旅館経営者たちは旅館の垣根をこえて協力し合い、里山の自然と建物が調和した環境づくりに長年取り組んできました。

1986年からは、黒川温泉の露天風呂のなかから3カ所を選んで入浴できる「入湯手形」を販売し、累計300万枚以上を販売しています。こうした工夫の積み重ねにより、黒川温泉は全国屈指の人気温泉地として成長してきました。

南小国町の温泉は黒川だけではありません。田の原川に沿って数軒の温泉が立ち並ぶ田《た》の原《はる》温泉。道路から入浴しているところが見えてしまう「日本一恥ずかしい露天風呂」として有名になった満願寺温泉。平家ボタルの生息地・小田川のそばにある小田《おた》温泉郷。隠れ家的な宿や天然温泉を楽しめるキャンプ場で独自色を出す白川温泉郷。一つの町に個性の異なる温泉がこれだけあるのです。

南小国町と小国町を合わせたエリアは古くから「小国郷」とよばれ、この地域は蕎麦屋が多いことでも知られています。南小国町に湧く名水をつかって打つ蕎麦は、観光客だけでなく住民からも支持されています。蕎麦屋が立ち並ぶ「そば街道」をめざして、多くの観光客が訪れます。

2020年3月に策定された「第4次南小国町総合計画」によれば、南小国町を「住みやすい」と回答した世帯は7割以上に上ります。野菜のおすそわけが多い、保育園と小学校が町内に3カ所ずつある、子どもの医療費の助成制度が充実している、といったことが

野焼きが南小国町独特の風景をつくっている

「熊本県平成の名水百選」に選ばれている立岩水源

黒川温泉郷

2012 年冬から始まった黒川温泉の冬の風物詩「湯あかり」

おもな理由のようです。

総じて、南小国町は地域資源と観光資源に恵まれた暮らしやすい町といえるでしょう。

しかし、課題がまったくないわけではありません。

南小国町の3つの課題

［課題 1 ］止まらない人口減少

最大の課題は、止まらない人口減少です。南小国町の総人口は1955年の7761人をピークに減少が続いています。現在の人口は3926人（2020年12月末現在）と4000人を割り込み、2060年には2422人にまで減少すると予想されています（国立社会保障・人口問題研究所の推計値による）。

この予測のとおりに人口減少が進むと、町の税収だけで社会インフラを維持し、住民に社会サービスを提供していくのは困難になります。そうなると観光客にもこれまで同様のサービスを提供できなくなるおそれがあります。

里山や草原を手入れし維持することは、今以上に難しくなるでしょう。里山はもともと、人間が日常的に出入りして生活のための木材や山菜を採っていた、人里近くの森林を指します。人の手が入って、はじめてできあがる風景なのです。

草原も同様です。阿蘇の草原は、春に「野焼き」をして草の新芽が出ることをうながし、牛や馬のえさとなる草を育てていく伝統的な営みによって維持されてきました。

人口が減り、第一次産業に従事する人が減ると、こうした里山や草原の手入れをする人がいなくなります。南小国町特有の自然や景観に癒やされてきた観光客にとっての魅力がなくなってしまうかもしれません。観光で稼ぐことすら、ままならなくなるかもしれないのです。

それを防ぐためには移住や定住を促進したり、関係人口・交流人口を増やしたりして、第一次産業の担い手を増やしていかなくてはなりません。

しかし現状では、仕事の選択肢が少ない、働く場所がないと考える若者が多く、彼らは町外に出ていってしまいます。戻ってくる人もいますが、転出する人のほうが上回っている状況です。

[南小国町の総人口の推移と将来推計]

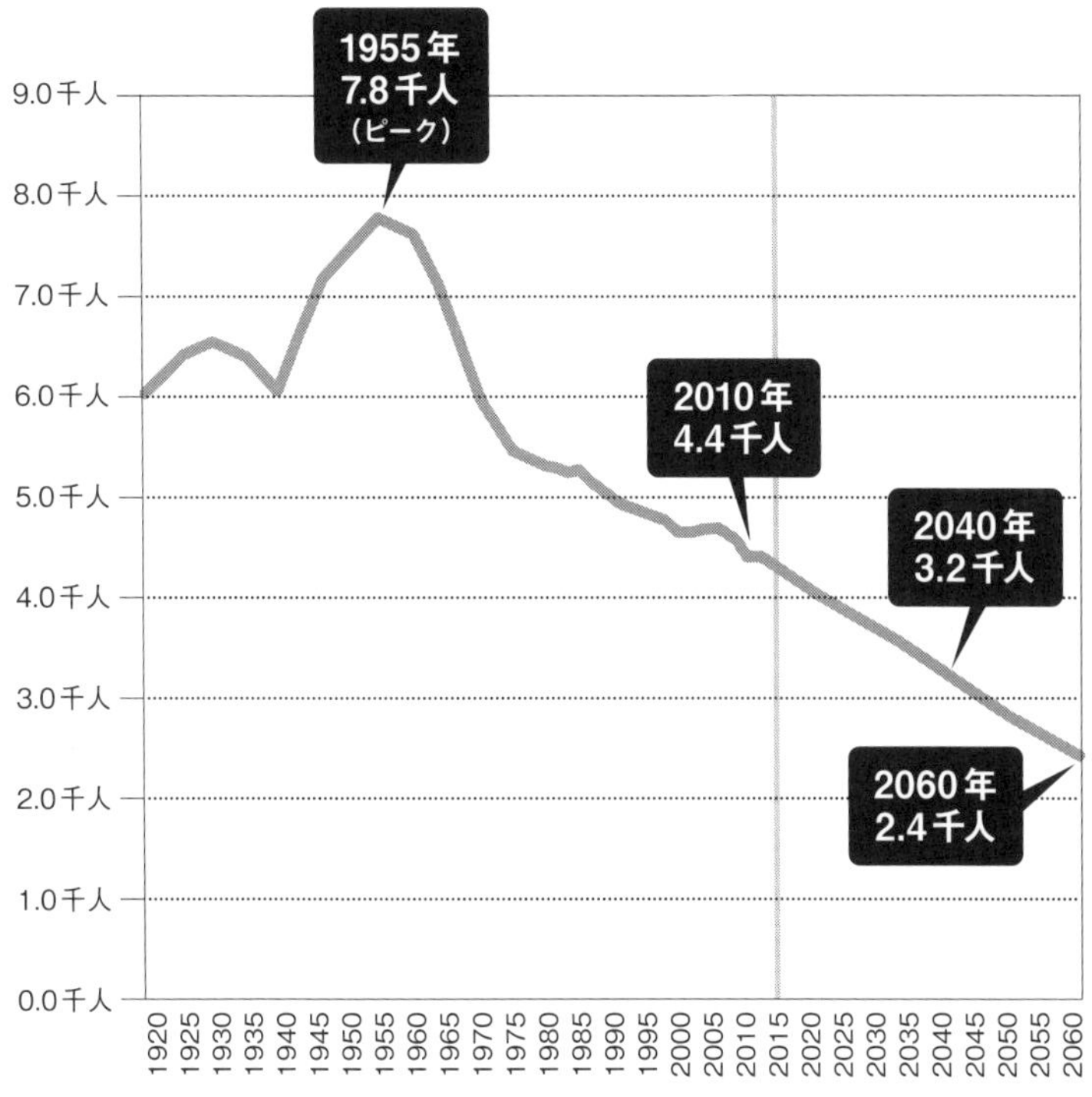

(「第4次南小国町総合計画2020-2029年度」より)

［課題 2 ］「著名な温泉郷」の町

現在、南小国町の稼ぎ頭は黒川温泉周辺の地域で、それ以外の場所では観光客がお金をつかっていないことも課題です。

南小国町にはコロナ前、年間100万人もの観光客が訪れていました。その多くは、黒川温泉を目当てにやってくる人たちです。

黒川温泉はキラーコンテンツではありますが、宿泊客の滞在時間の短さが課題です。宿泊客の町への到着時刻は15時台が約半数を占めます。彼らは温泉郷を散策したり、露天風呂をめぐったりして、夜は旅館に戻って夕食をとります。そしてチェックアウトの日の12時前には、75％の人が南小国町から出ていきます。年間100万人も訪れているというのに、この滞在時間の短さはもったいないというほかありません。

観光業は、調子のいいときはいいものです。ただ、天候や自然災害、景気に左右されやすい一面があります。町全体が「黒川温泉頼み」だと、なにか起こったときには一気に稼げなくなる危険性もはらんでいます。

2016年の熊本地震では、黒川温泉をはじめとする町の温泉郷も打撃を受けました。黒川温泉の観光客が減ると、旅館に物品を納入している事業者にも影響が広がっていきます。観光客をターゲットとして売上を立ててきた町内の飲食店も同様です。

熊本地震以降、南小国町を訪れる観光客数は減少傾向でしたが、2018年からようやく回復基調に入りました。同年の外国人宿泊客数は過去最大の約8・7万人にまで増加。これは2008年の外国人宿泊客数の2倍以上の数です。

ところが、2020年からのコロナ禍で、インバウンドをあてにすることはしばらく難しくなってしまいました。やはり黒川温泉頼みでなく、他の産業も強化して町全体で稼ぐことが必要なのだと、住民が理解し始めています。

［課題❸］28年赤字続きの物産館

全国のたいていの市町村には物産館があります。南小国町にもあります。それが1992年設立の第三セクター「南小国町総合物産館きよらカァサ」（以下、きよらカァサ）です。

きよらカァサは設立以来、黒字化した時期もありましたが28年赤字続きでした。債務超過に陥りそうになるたびに町が何度も増資。私たちが南小国町と仕事を始めるころには、累積赤字が7000万円以上にまで膨らんでいました。

問題はほかにもありました。当時のきよらカァサは、農家の人たちが持ち込む野菜を並べて売っているだけでした。小売店なら商品のディスプレイを工夫したり、ポップを作ったりして売上を伸ばそうとするもの。しかし、きよらカァサは民間の小売店がするような工夫が不足しているように感じました。

　物産館に入っても、従業員の「いらっしゃいませ」の声は小さく、館内は暗い印象で、町議会でも話題にのぼるほどでした。２０１７年度には顧客数は4万人を下回り、売上は５０００万円ほどにとどまっていました。

　当時の館長は、公募で採用された、町外からの移住者でした。そのためか、人材不足や長年勤務している従業員のマネジメントに苦労していたようです。

　レストランもありましたが、近隣に飲食店が複数あるため、差別化できていない等の理由から来店者数にもムラがありました。南小国町は九州でもっとも寒いエリアにある町で、

南小国町総合物産館きよらカァサ

冬場の気温は氷点下になることもあります。道路が凍結すると、お客さんはさらに減ります。オフシーズンにはレストランを開けているだけで赤字を生む状況でした。

今挙げた3つの課題は、南小国町の住民なら誰もが知っていたはずです。解決しなければ、町の将来に悪影響を及ぼすこともわかっていたと思います。しかし、なんとかしたいと思っても、そこで働いている人たちは町の人にとっては顔見知りばかり。しがらみが多すぎて、改革の大鉈をふるえる人はなかなか現れませんでした。

町長の発案から南小国の〝奇跡〟が始まった

そこで立ち上がったのが、南小国町の髙橋周二町長です。髙橋町長は大学を卒業後に故郷へ戻り、黒川温泉のそばで親の代からの酒屋を営んでいました。2011年に南小国町議会議員となり、2015年には町長選に初当選。2019年から2期目をつとめています。髙橋町長は2017年までの町の現状と課題を次のようにみていました。

南小国町は、黒川温泉のおかげで観光に強いイメージを持たれていました。ただし現実は、町は「外貨」を稼ぐため黒川温泉に大きく依存した状態。黒川温泉以外では、それほど稼げていませんでした。黒川温泉による町への経済波及効果は限定的なものでした。

もう一つの課題は、きよらカァサの赤字体質です。売上は上がらない。だから待遇も改善できない。そうすると接遇がおろそかになり、クレームが増える。クレームを言われるから、やる気がなくなる。完全に「負のスパイラル」に陥っていました。

町にはいい地域産品がたくさんあるのだから、売るための工夫をすれば、ちゃんとお金に変えられるはず。きよらカァサは国道212号沿いで町の中心地にあり、立地もいい。絶対に復活できるという確信がありました。

地域経済には国の補助金をはじめ、さまざまなお金が入ってきます。しかし外に出ていく金額が多いと、せっかくのお金が残りません。人口が減り続けても町が持続的に発展をしていくためには、地域にお金を残さなくてはなりません。

地域経済のなかでお金が循環する仕組みをつくることができれば、雇用が生まれるし、投資もできる。黒川温泉は南小国町の宝であり、すでに知名度があります。この黒川温泉をはじめとする観光と他の産業もつなげて、町の埋もれた宝を掘り起こし、磨き上げる「まちづくり公社」のような組織をつくりたいと考えました。

ただ、こうした組織を役場だけで運営するには人員が足りませんし、ノウハウもない。外部のコーディネーターとして柳原さんたちに入ってもらうことにしたのです。

（髙橋周二南小国町長）


こうして髙橋町長は、南小国町にDMOをつくることを考え始めます。私たちの会社にDMO設立に向けた正式なご依頼があったのは、2017年冬のことでした。

今後、南小国町が生き残っていくためには、町の人口減少を少しでも補う施策が必要です。移住・定住する人を一朝一夕に増やすのは難しくても、関係人口や交流人口を少しずつ増

髙橋周二南小国町長

やしていくことはできます。南小国町のファンが増えれば増えるほど、移住や定住を希望する人が出てくる可能性も高まります。

黒川温泉の稼ぎだけをあてにするのではなく、町全体で稼ぐ工夫も可能でしょう。黒川温泉を中心とした観光は、南小国町のキラーコンテンツです。その観光を軸にしながら、ほかの稼ぎ方も準備しておく。稼ぎ方は複数あったほうがリスク分散になりますし、一時的に稼ぎが落ち込んだ場合でも立ち直りが早くなります。

きよらカァサは、やるべきことをやれば伸びしろは大きいはずです。マーケティングにもとづいて商品を目利きして仕入れ、販売する。お客さんのニーズに合わせて商品開発をし、パッケージを考える。季節の移り変わりに合わせて商品を投入する。接遇のレベルを高める。こうした工夫は民間企業にとってはごくあたりまえのことだと思います。きよらカァサも第三セクターとはいえ、法人です。民間企業があたりまえにしていることを実行すれば、そのポテンシャルから黒字にするのはそれほど難しいことではないと私たちは考えていました。

観光地域づくりの舵取り役「ＤＭＯ」

「はじめに」でＤＭＯについて少しふれましたが、ここであらためて説明しましょう。

ＤＭＯとは、観光庁が登録を進めている観光地域づくり法人（Destination Management/Marketing Organization）の略称です。

観光庁はＤＭＯの定義を、「地域の『稼ぐ力』を引き出すとともに地域への誇りと愛着を醸成する『観光地経営』の視点に立った観光地域づくりの舵取り役として、多様な関係者と協同しながら、明確なコンセプトに基づいた観光地域づくりを実現するための戦略を策定するとともに、戦略を着実に実施するための調整機能を備えた法人」としています。

かんたんにいえば、観光地域づくりのためのマーケティングとマネジメントをおこなうための法人、それがＤＭＯです。

欠かせないのは「事業開発」視点

ただ、一つだけ申し上げておきたいことがあります。それは「DMOをつくるだけでは、お金を稼ぐことはできない」ということです。

大切なのは組織の有無ではなく、「事業開発」の視点です。事業開発は英語でいえば「ビジネス・ディベロップメント」です。事業開発の本質は、ビジネスをつくり、伸ばしていくこと。DMOの本質も、ビジネスをつくり、伸ばしていくことにあります。その結果として、お金を稼ぐことができるのです。

ビジネスを伸ばしてお金を稼ぐためには、「稼ぐエンジン」（ビジネスモデル）が不可欠です。事業開発では、稼ぐためのエンジンを積み込み、ゴールに向かって走っていくことが基本です。

この事業開発の視点は、どんな業種のビジネスにも転用可能です。事業開発の視点があれば、どんな会社であっても稼ぎを出して自走していくことができるようになります。

DMOにも「稼ぐエンジン」を入れよう

DMOも法人ですから、事業開発の視点が重要です。DMOを特別視せず、観光を軸にしたスタートアップを立ち上げるようなものだと考えましょう。

DMOは町を魅力的にするための会社――。そう考えれば、稼ぐエンジンが必要なことはおわかりいただけると思います。その稼ぐエンジンとして「地域商社機能」を持つことをぜひ検討してみてください。

地域でつくられた商品の流通販売機能を、その地域で持つこと。それが地域商社機能です。買い手の喜ぶ商品をつくり、自分たちで値段を決めて売っていくことができれば、その利益は地域に残ります。自立した経営ができるようになり、地域の人を雇用することもできます。補助金をあてにしなくなれば、町の規模にかかわらず、その地域は自走できるようになります。稼げる地域をつくるためにDMOを設立するのであれば、自走を前提とした稼ぐエンジンづくりをおこなうべきでしょう。

まずは、どんなエンジンを入れたら地域内経済が循環するかを考えましょう。そして調査・分析をしながら、事業計画・事業戦略を練ります。その事業を担うための人材を採用します。地域にいなければ、外から連れてくることを考えてもいいでしょう。組織を整え、適切な人材を適切な部門に配置する。あとは各人が自分の役割を果たしていくだけです。

ところが、稼ぎを出しているDMOはそう多くありません。なぜでしょうか。これは私の推測にすぎませんが、多くのDMOが事業開発の視点で経営していないからではないかと思います。稼ぐエンジンがないのです。もしくは、エンジンがあってもうまく機能していないのです。

旅行会社におんぶに抱っこで、大型バスで旅する団体客に依存する。かつてはそのビジネスモデルで十分稼ぐことができました。

しかし今は、旅のスタイルが変化しています。物見遊山の観光の需要は少しずつ減り、旅に求める価値は多様化しています。オールドビジネスモデルを否定した上で、人が訪れたい地域にするためにはなにが必要か、どうすれば稼げるかを考えなければならないはずです。

稼げる町にするには、稼ぐエンジンを用意する。そのエンジンを十分機能させるために人を集めたり、注目してもらったりする工夫をして経済活動を起こさせる。そこにはマーケティングの視点も欠かせません。また、それらに取り組む姿勢そのものが、地域のブランディングにもつながります。こうしてエンジンを最大出力にするのです。

私個人は、観光庁の定める要件を満たした上であれば、地域を魅力的にするための事業はどんどんDMOが担ってもよいのではないかと考えています。人・モノ・お金といったリソースが限られている小さな自治体であればなおさらです。地域の魅力を最大化して稼ぐ、というゴールが同じであればいいのです。

実際に南小国町では、先に紹介した髙橋町長の発案をきっかけに、2018年7月にDMO「株式会社SMO南小国」を設立しました。観光商品の開発、デジタルマーケティングによる広報活動といったいわゆる観光関連事業だけでなく、南小国町ふるさと納税の関連業務、人材育成や人材マッチングの業務も担当しています。SMO南小国の事業については、第3章以降でくわしく説明します。

第2章では、南小国町がDMO設立までになにをしたかを紹介していきましょう。

第2章

「あるべき姿」づくりでゴールを設定する

町の魅力を「みつける」

ＤＭＯを設立するか否かの検討を開始

南小国町は２０１７年12月に「南小国版ＤＭＯ設立検討委員会」を設置し、住民の代表13名が委嘱されました。ＤＭＯの設立を前提とすることなく、設立するか否かの検討から始めることになりました。

ＤＭＯが南小国に必要かどうか、まずは町のみなさんの率直なご意見を聞きたいと思ったのです。私自身は町の現状をふまえて、地域全体に経済波及効果を生み出すような組織をつくるべきだと思っていましたが、この考えが１００％正しいとは限りません。さらにいいアイデアが住民から出てくれれば、そちらを検討する用意もありました。

（髙橋周二町長）

委員となったのは町の主要産業とその団体の代表、いわゆる町のキーパーソンとなる方々です。次の組織の代表者が参加しました。

南小国町観光協会
黒川温泉観光旅館協同組合
黒川温泉観光協会
ＪＡ阿蘇小国郷中央支所
阿蘇森林組合南小国支所
南小国町商工会
南小国町議会
農業
農家民泊
物産館きよらカァサ
加工品生産グループ
南小国町まちづくり課
南小国町農林課

南小国町観光協会長の平野直紀さんは、髙橋町長からＤＭＯ設立のアイデアを聞いたときのことをこう振り返ります。

小さな町ですから、どの会合に行っても同じ顔ぶれで、同じような話ばかり。観光協会でも、目新しい方向性や取り組みがなかなか出ず、議論はマンネリ化していました。

観光協会のメンバーは、会長と理事と事務局員さんという構成。事務局員さん以外はみんな旅館や店をしていて本業がありますから、町独自の観光施策を考えて実行するところまで、しっかりできていませんでした。それでも南小国町は黒川温泉のおかげで順調で、それほど大きな危機感はありませんでした。

2017年の冬に町長からDMO設立を考えていると話を聞いたときは、正直言って諸手を挙げて賛成というわけではなかったです。というのも、観光協会事務局長として2014年から森永光洋さん（現在はSMO南小国CMOを兼務）が着任して、新しい観光施策を打ち出して成果が表れ始めていたところだったからです。観光に関わる組織をもう一つつくるのはどうかと思いましたし、全国的に見てもDMOの成功事例は少ないという話も聞こえてきていました。

しかし、「DMOをつくってもつくらなくてもいいから、一度議論をしましょうよ」

という町長のひとことで、話し合ってみようかと考え直しました。そこから、町が劇的に動き始めることになるのです。

（南小国町観光協会長　平野直紀さん）

「あるべき姿」は、町がめざすゴール

私たちＤＨＥがよそ者（コンサルタント）として入り、設立検討委員会の活動が始まりました。私たちはまず、ＤＭＯが南小国町に必要かどうかを考えるには、町の「あるべき姿」を見つけなければならないと考えました。

「あるべき姿」とはなにか。私は「本来あるべき正しい状態」「このような状態になりたい、という理想像」と定義しています。

ただ「ＤＭＯは必要かどうか」と机の上で考えていても答えは出ません。「こうあるべきだ」「こうなりたい」というゴールが見えてはじめて、そこに向かうために解決すべき課題、解決方法を考える準備ができます。「あるべき姿」と現実の姿にはギャップがある。そのギャップを埋めるのにＤＭＯが必要かどうか、考えてみるのです。

「あるべき姿」というゴールが決まれば、そこへ向かって施策を実施し、観光地域づくりを進めていくことができます。途中で迷うことがあっても、「あるべき姿」がよりどころとなり、迷走することはありません。

「あるべき姿」は、会社にとっての「ビジョン」と同じです。どんな業種の会社も「ビジネスによってどんな社会をめざすのか」というビジョンを定めています。そのビジョンがあってはじめて、会社の具体的な計画や戦略が決まっていきます。

ビジョンとしての「あるべき姿」が重要なのは、地域でも同じです。ましてや、DMOという観光地域づくりの法人を設立し、ビジネスによって稼げる地域をつくろうと考えるのなら、「あるべき姿」は不可欠です。これから地域がどこへ向かって走り、なにをゴールとするかを明確にしておいたほうが、観光地域づくりの成功の確率は上がります。

ところが、全国各地で観光地域づくりのお手伝いをしていると、この「あるべき姿」づくりが欠けているところが多いと感じます。本来、地域はどうあるべきなのか。その議論が住民のあいだで十分になされていないのです。

「あるべき姿」やビジョンをつくっていたとしても、あまり時間をかけていなかったり、美しいキャッチコピーをつくって終わりにしているケースが多いようです。

「あるべき姿」は非常に重要です。観光地域づくりの要です。ここを間違ってしまったら、その先にどんな施策をつくってもうまくいかないでしょう。

「あるべき姿」を見つけるには、ある程度の時間がかかります。けっして2時間の会議でつくれるものではありません。

まず、「あるべき姿」をつくるための材料として、地域の現実の姿を明らかにする必要があります。くわしくは後述しますが、私はこのプロセスに多くの時間を割いています。

現実の姿は、いいことばかりではないでしょう。目を背けたくなることもあるはずです。それでも、地域の強みにも弱みにも向き合って、「あるべき姿」を言語化していきます。「あるべき姿」は聞こえのいい、美しい言葉とは限らないのです。

私が観光地域づくりをお手伝いする地域のみなさんに言うことがあります。それは「私たちは〝魔法使い〟ではありません」ということです。

なにもないところから、「あるべき姿」は生まれません。「あるべき姿」の答えは、じつは住民のみなさんのなかにすでにあります。

私たちのようなよそ者にできるのは、地域の情報をわかりやすく整理して、みなさんのなかに眠っている「あるべき姿」を見つけるお手伝いをすること。そして「あるべき姿」を実現するための手段を事業開発視点から提案して、うまくいくまでいっしょに活動することです。

ゴールを見つけ、そこに向かうための車を用意し、道をつくる。

それが私たちの仕事です。

南小国町の方々は、町の現状に課題を感じて、私たちに相談してくださいました。それは南小国町の「あるべき姿」の答えをすでに持っていることの裏返しだったと私は思います。ただ、その「あるべき姿」の見つけ方がよくわからない。なんとなくわかっていても、確信が持てなかったのでしょう。だから、進むべき道へと導く方法を持っている私たちにお声がけくださったのだと思います。あとは正しい方法に沿って、「あるべき姿」を見つけていくだけです。

「あるべき姿」の見つけ方

1 とにかく町に出て聞き取りをする

南小国町の「あるべき姿」を見つけるために、私は町に出て、住民に話を聞くことから始めました。

DHEが観光地域づくりで最初におこなうのが、この住民への聞き取りです。当社では「フィールドワーク」と呼んでいます。

いきなり委員会を開いて「どんな町にしたいですか。ご意見をお願いします」とうながしても、その場で意見が活発に出ることはまずありません。そのため、まずは私たちのほうから住民のみなさんのもとへ出向き、時間をかけてお話をうかがっていきます。

といっても、「よそ者」にかんたんに心を開いてくれる人ばかりではありません。よそ者が聞き取りをする場合は、地域に深く入り込む姿勢が必要です。南小国町のケースでは、住民のご好意で黒川温泉の旅館の従業員寮の一室をお借りして、私はほとんど町に住み込むような状態で聞き取りを進めていきました。

夜も町の人たちと食事に行ったり、飲みに行ったりします。そうした気安い場で得られる情報も「あるべき姿」を考えるのに役立ちます。これは余談ですが、私は初めて仕事をする地域で情報を集めるときは、タクシー、美容室、カウンターのある飲食店（居酒屋やバー）を活用しています。

住民への聞き取りを始めるにあたっては、南小国町役場のまちづくり課から町のキーパーソンを紹介していただきました。ほとんどがＤＭＯ設立検討委員会の委員で、町の代表的な産業に従事する人たちです。

地元のみなさんは、本業もありご多忙な方もいらっしゃるので、時間は一人あたり1時間ほど。いくつかの項目を準備しておき、それについてくわしく聞いていきます。地域の置かれた状況によって少しずつ項目が変わりますが、どの地域でもたずねるのは、だいたい次の項目です。

- ●地域の課題はなにか
- ●地域の将来はどうあるべきか、どうしたいか
- ●○○さんができることはなにか
- ●□□□の課題は誰（どんな人）がいれば解決できるか
- ●地域のよいところ、好きなところはどこか

このとき、町のゴールがなんなのか、稼ぐエンジンになりそうなものはないか、磨き上

げれば地域資源から観光資源に化ける可能性のあるものがないか、意識して話を聞きます。このプロセスで得られた情報は「あるべき姿」づくりだけでなく、のちに事業戦略をつくるときにも役に立ちます。

南小国町での聞き取りには、役場の担当者の方も積極的に同行されました。同行しない地域もあるなか、南小国町のこの姿勢に私は感動しました。本気で町を変えたい、変わりたいと思っていることが伝わってきたからです。

2 情報を編集する・仮説をつくる

紹介された人たちにひととおり話を聞き終えたら、聞き取りで得た情報を編集していきます。といっても、難しい作業ではありません。どんな情報が出てきたかを、あとから見てわかりやすいように整理しておくのです（ただし編集センスは必要かもしれません）。

多くの人に聞き取りをしていると、膨大な情報が集まってくると思います。同じ情報、似た情報もあるでしょう。それらをテーマ別や内容別に分類します。

この作業を通して、住民が町の現状をどう見ているのか、どんな課題があると思っているのか、どんな町にしたいと考えているのかがなんとなく見えてきます。そこから、町の可能性に対する「仮説」をつくることができるでしょう。

町にある地域資源はなにか。
地域資源のなかでも観光に資する資源になりそうなものはなにか。
地域資源の掛け合わせで新しい価値を生めないか。

このような視点で仮説をつくります。この仮説は、どうすれば稼げる町になれるかのヒントになります。

❸ 仮説を戻す・再度聞き取りをする

その仮説を持って、今度は設立検討委員会を開きました。聞き取りをさせてもらったキーパーソン＝委員を一堂に集めて、聞き取りの結果を編集して導き出された仮説をぶつけ、検証していきます。

具体的には、「〇〇については他の人からこんな意見も出ていました。みなさんの話を総合すると、この町は□□だと思うのですが、いかがですか。合っていますか」。こんな感じで、私なりの仮説を地元の方に投げかけてみます。

「うんうん。そうだね。合っているよ」
「いや、そうじゃないんだよ。じつはね……」

仮説に違和感があれば、前回の聞き取りでは出てこなかった新しい情報や本音、新しい視点からのアドバイスをもらえることもあります。それにより、私の持つ情報が更新され、精度が上がっていきます。

この「聞き取り→編集→仮説の提示」を、最終的には二～三周します。つまり、同じ人に二度、三度と話を聞いていくのです。

それと並行して、キーパーソンから紹介された別の人たちの話も聞きます。キーパーソンの聞き取りをしていると、「このテーマだったら誰々がくわしい。聞いてみるといいよ」と紹介されることがあります。その人にも必ず話を聞くのです。

最終的には、役場から紹介されたキーパーソンと合わせて、のべ百人程度に聞き取りをすることになります。

これだけの数の住民に時間をかけて話を聞くと、私のもとには町の情報が大量に集まります。各分野のキーパーソンを中心に話を聞いているため、町のあらゆるテーマについて、キーパーソンの誰よりも幅広い知識や情報を持っている状態になります。

4 議論をして仮説を固める

南小国町の聞き取りでは、町に多くの可能性が眠っていることがわかりました。それまで「南小国町の観光」といえば、ほぼ2つのことを意味していました。黒川温泉を訪れることと、そば街道に行って蕎麦を食べることです。

ところが、住民の聞き取りを進めていくと、観光資源になりそうな魅力ある地域資源がほかにも多数見つかりました。

「南小国には小国杉というブランド杉がある。その杉林の景観はすばらしい」
「種類はそれほど多くはないけれど、おいしい高原野菜が穫れる」
「最近、キャンプ場や農家に泊まりにくる人が増えているようだ」
「満願寺温泉には〝日本一恥ずかしい露天風呂〟と呼ばれる温泉がある」

これ以外にも多くの意見が出されました。

ただ、住民は観光業に携わる人ばかりではありません。自分の本業の目線でしか地域資源を見ていません。磨き上げれば観光資源にできるかどうか、稼ぐエンジンになりそうかどうか、という視点で見るのは、よほど慣れていなければ難しいと思います。

そこで「よそ者」の出番です。よそ者は、生活者視点から離れて地域資源を眺めることができます。そのよそ者視点で、どの地域資源にどんな価値があるか、一つひとつの地域資源の可能性を見ていきます。

住民は、小国杉や高原野菜、キャンプ場や民泊、満願寺温泉という地域資源があることは知識として知っています。しかし、それに価値があるとはあまり思っていません。地方の人はよく「うちの町にはなにもない」と口癖のように言います。実際には磨けば光る地域資源がたくさんあるのに、です。南小国町の人々もそれは同じでした。

しかし、「なにもない」ことはないのです。これまで観光資源として認識されていなかった地域資源のなかにも、魅力のあるものはあります。

では、住民のなにげない話に出てきた地域資源が、観光資源として魅力のあるものかどうかを見きわめるにはどうすればいいでしょうか。ポイントは大きくわけて2つあります。

1つめは、それが地域の伝統的な産業や文化に関連しているかどうかということ。南小国町であれば、先に例として出した林業は、町の伝統的な産業です。

2つめは、その地域資源に関係する魅力的な人がいるかどうかです。「民宿がある」「ブランド杉がある」だけでは観光資源になるイメージが浮かばないかもしれません。しかし、そこに「人」が介在してくると、観光資源となる可能性は高くなります。

地域の歴史を、まるでその時代に生きてきたかのように臨場感を持って語れる人。方言で地域のことを教えてくれる人。食堂で定食をつくってくれる、かわいらしいおばあちゃん。朴訥とした話し方だけれども、温かい対応が印象的な農家民泊のお父さん……。

ただ農家民泊に泊まるだけでは、それほど価値を感じられないかもしれません。でも、農家民泊のお父さんやお母さんが南小国町の伝統野菜や郷土料理について語ってくれ、それを聞きながら農業体験や調理体験、食事ができたら……？

小国杉の森を眺めるだけでは滞在時間を延ばすことはできませんし、それほど魅力も感じてもらえないかもしれません。しかし、筑後川の源流域にある南小国町の地域特性、小国杉の歴史や用途、林業の課題といった話を聞きながら林業体験ができたら……？

一気に観光資源としての可能性がみえてきませんか。

旅先で魅力的な人と出会って、また会いに行って話をしたいな、応援したいなという気持ちになることはないでしょうか。人に会うことが動機になっている〝地域のリピーター〃もいます。そう考えれば、そこで暮らしている人も立派な観光資源になりうることがわかるでしょう。

住民への聞き取りが終わったら、南小国町の「あるべき姿」の仮説を固める議論に進みます。そのとき、司会をするのはよそ者である私です。

まず、委員会で町の強みと弱み、磨き上げれば町の観光資源になりそうなものについて意見を出してもらいます。なかなか意見が出ない場合は、「このあいだ、こんな話をされていましたよね」と、聞き取りで前もって聞いていた情報をこちらから投げかけて、委員の意見を引き出していきます。

次に、出てきた意見を整理して、それらを「価値化」していきます。価値化は、それぞれに価値があるかどうかを見きわめるというより、意見同士の掛け合わせをして希少価値を付けられないかを考えるプロセスです。この価値化をしながら、観光資源として磨き上げられそうな地域資源を見つけていきます。

そして、委員会では「南小国町の美しい景観と人々の暮らしは、観光資源に資する」という仮説を導き出しました。南小国町の里山の風景やそこで長年営まれている暮らし。その地域資源こそが観光資源になるのではないか、という意味です。

5 仮説検証のための調査をする

ただ、これは仮説ですから、正しいかどうかを検証しなくてはなりません。正しくない仮説をもとに「あるべき姿」をつくって商品開発をしても、観光客の心に響かないからです。当然、稼ぐこともできません。

そこで実施するのが「魅力度調査」と「満足度調査」です。仮説ができたら、それに合致するコンセプト商品をつくり、商品を届けたいターゲットを決めて、この2つの調査をおこないます。「魅力度調査」は、商品を体験する前に、どの程度魅力的に見えたかを調べる調査。「満足度調査」は、実際に商品を体験してみてどの程度満足したかを調べる調査です。

よくあるのが、魅力度調査をせず、モニターツアーを通じた満足度調査だけをして終わってしまうケースです。満足度調査だけだと、「よかった」「悪かった」で終わってしまい、学びがありません。

魅力度調査と満足度調査は、掛け合わせで分析・評価してはじめて価値があります。

体験する前に感じた魅力度と、実際に体験したときの満足度。この2つにギャップがなければ、想定したターゲットに商品を訴求していけばいい。しかし、魅力度と満足度にギャップがあるときは、改善の余地があることがわかります。改善のポイントもわかります。仮に、ある商品について「体験前は魅力的に見えなかったが、体験してみたら非常に満足した」という結果が出たとしましょう。それは、体験前の商品を魅力的に見せるためのなにかが足りないことを示しています。この結果をもとに、より観光客の心に響くように情報発信を工夫することができるのです。

南小国町では「あるべき姿（仮説）」から8つのコンセプト商品をつくり、それぞれについて魅力度調査と満足度調査を実施しました。統計学と観光分野に長けた当社の専門スタッフが、正確な回答を得られるようなアンケートの設問を設計。日本人、外国人、年齢層や男女といったターゲットを設定し、調査会社に依頼して、回答を集めました。出てきたデータをもとに、それぞれのターゲットがなにをどのように評価したかを分析しました。分析をすると、たとえばこんなことがわかってきます。

外国人をターゲットにした場合、「黒川温泉湯めぐり」というコンセプト商品は、高魅力・高満足の観光商品であるという結果が出ました。これは私たちの予想どおりです。一

[魅力度調査×満足度調査のクロス集計(外国人の場合)]

- 外国人ベースでは、「黒川温泉湯めぐり」が高魅力度×高満足度観光コンテンツ。
- 「農業と里山ごはん」「上質な里山時間」が低魅力×高満足エリアに位置している。日本人に比べ「農家民泊」への魅力度と満足度が低い傾向がみられる。

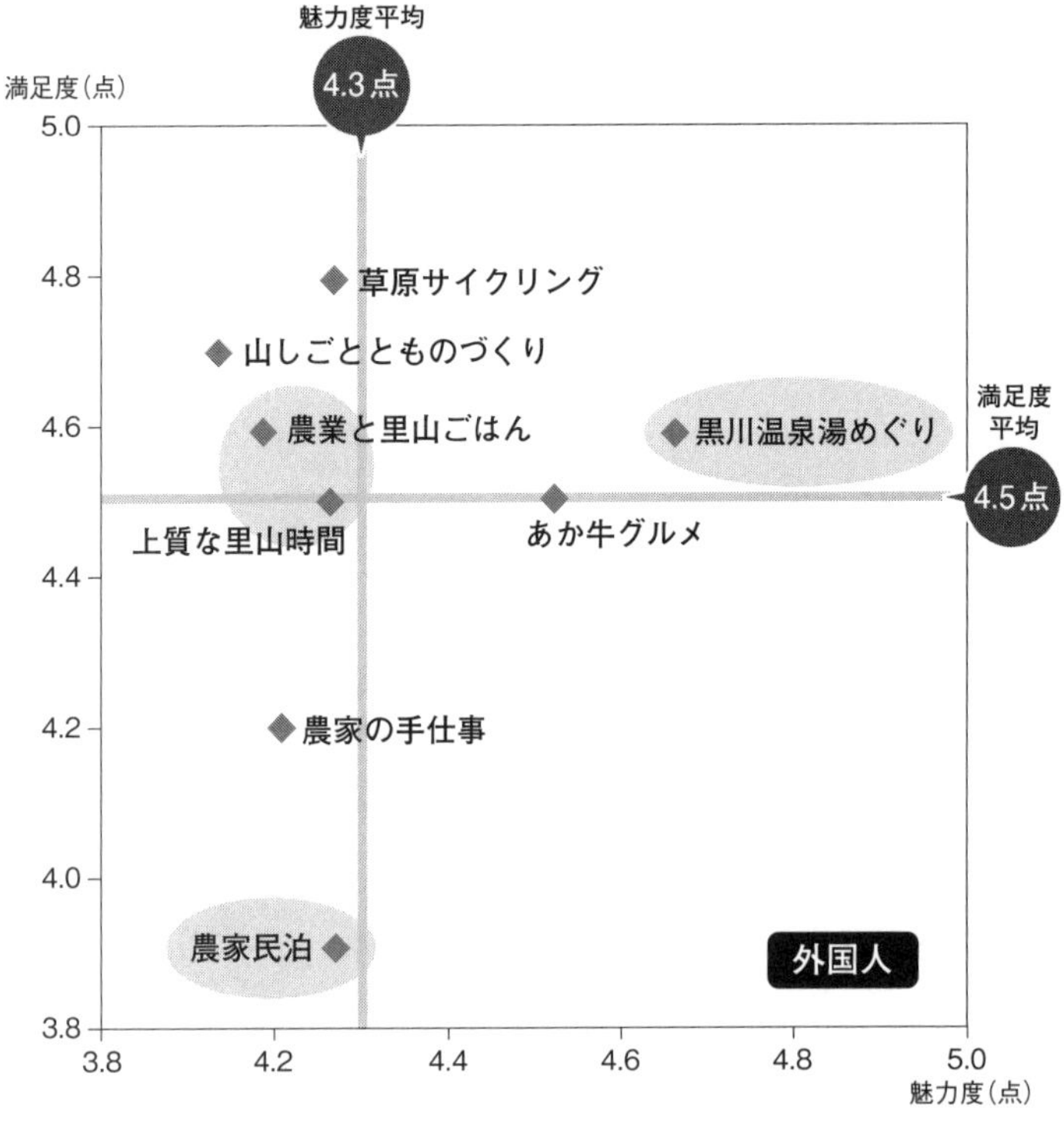

©2019 DHE Corporation

方、別のコンセプト商品「農業と里山ごはん」は、魅力度はあまり高くなかったものの、満足度では「黒川温泉湯めぐり」を上回ることがわかったのです。

こうした結果から、商品を磨き上げるためのポイントがわかります。魅力度が低く、満足度の高い商品は、情報発信をもっと工夫しなければなりません。これは魅力度調査と満足度調査の掛け合わせをしなければわからなかったでしょう。

仮説検証をしておかなければ、ターゲットにとって見当違いの商品を売り出してしまうことにもなりかねません。いい商品をつくっても、届ける人や届け方を間違っていれば元も子もない。そのため、客観的な魅力度調査と満足度調査は観光地域づくりには欠かせない調査だといえます。

南小国町の「あるべき姿」は「町全体で稼ぐ」

南小国町ではこの調査によって、「美しい景観と人々の暮らしは、観光資源に資する」という仮説が見当違いでないことが裏付けられました。この仮説をもとにつくったコンセプト商品の人気・不人気、支持する層・しない層を確認することもしました。

この調査結果をもとに、ようやく南小国町の「あるべき姿」が見つかりました。それは、南小国町の美しい景観と人々の暮らしを観光資源に変えるためには、観光業だけでなく、町の農業や林業をはじめとするさまざまな産業が連携し、「町全体」で稼いでいく必要がある、ということです。

これまで、南小国町では産業間の連携があまりありませんでした。観光業は観光業、農業は農業、林業は林業と独立していました。しかし、「美しい景観と人々の暮らしは、観光資源に資する」ことが裏付けられたならば、あらゆる産業が「里山の美しい景観と人々の暮らし」を軸として横のつながりを深め、観光客に喜ばれる商品をつくっていく必要があります。

黒川温泉頼みの観光だけで稼ぐ町から、町全体で稼ぐ町へ。
それが南小国町の「あるべき姿」だという結論に達したのです。

この「あるべき姿」をもとに、委員会では南小国町として実現したいこと、そのために取り組むべき主要課題を考えました。

［「観光で稼ぐ」→「町全体で稼ぐ」へ］

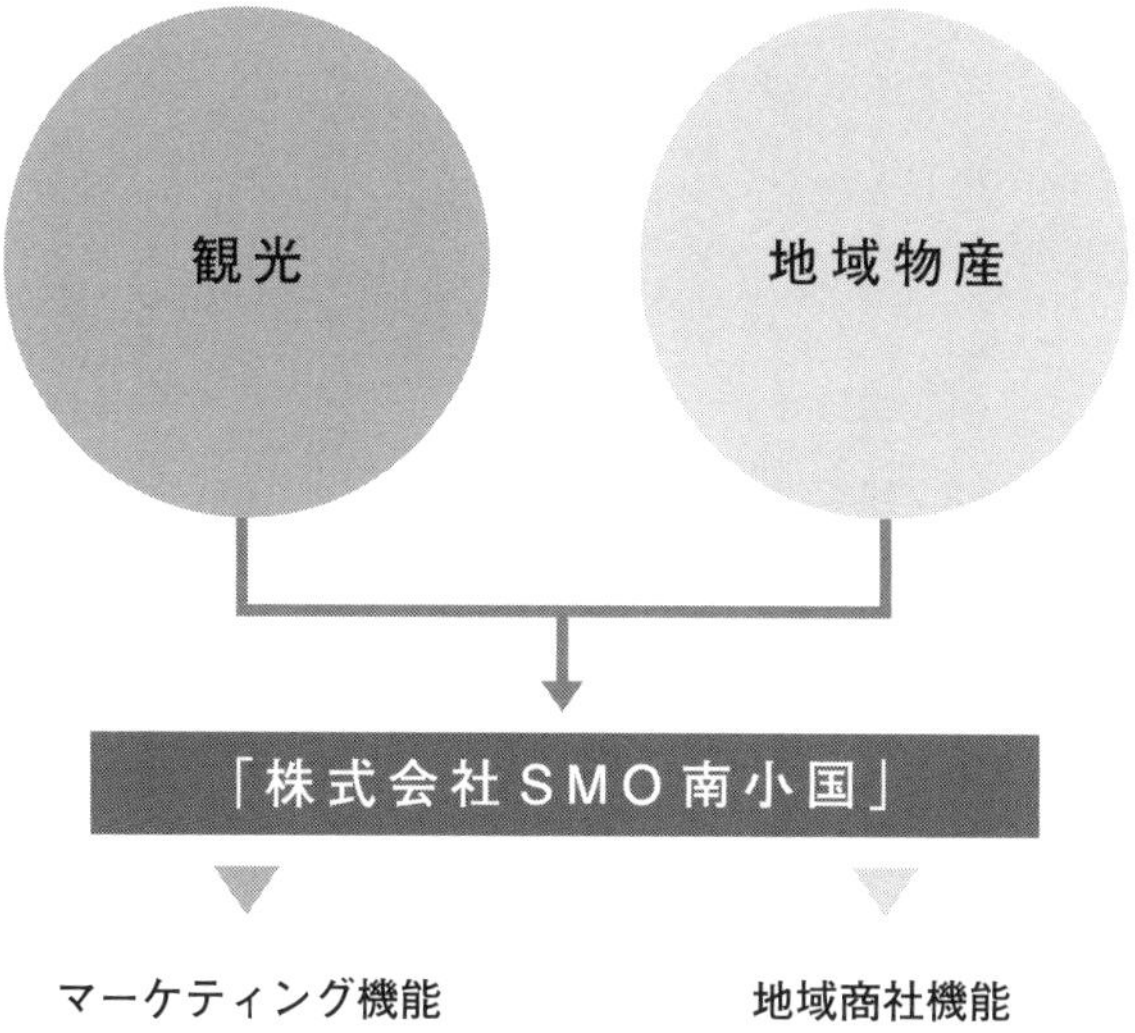

©2020 DHE Corporation

【実現したいこと】（のちに、ＤＭＯの４つの理念となる）

●第一次産業を育むことで、次の世代に美しい里山景観を遺す
●町に仕事やビジネスチャンスを生み出すことで、投資や人材の流入を促す
●里山暮らしの魅力を磨いて発信することで、移住や定住につながる興味や関心を醸成する
●町民が幸せになることを通じて、域外に住む人々に憧れられる地域へと成長する

【取り組むべき主要課題】（のちに、ＤＭＯの５つの方針となる）

●観光業と農林畜産業をはじめとする地場産業を融合する
●地域や業種を超えて、様々な人材を結びつける
●南小国の地域資源を磨くためのアイデアを創出し、実行する
●里山の暮らしをはじめとする南小国の魅力を発信する
●まちづくりのノウハウを地域に蓄積・浸透させる

委員会では、この仕事を役場だけで成し遂げるのは難しいと考えました。役場のみなさんは多忙ななか、これまで通常業務と掛け持ちで町の課題解決やまちづく

りのために動いてこられました。しかし、課ごとに担当できることが決まっているため、できることには限界がありました。

観光を軸として稼げる町をつくっていくためには、役場とは別の組織が柔軟に町と各産業をつないでいくべきではないか。それが委員会の結論でした。

2017年12月から設立検討委員会のみなさんと議論を重ねてきて、4カ月が経ちました。2018年3月の最後の委員会の日、委員全員で南小国町の「あるべき姿」を確認し、委員会として南小国版DMOの設立を町に提言することが正式に決まりました。

このとき、私たちDHEは、南小国版DMOのビジネススキーム案を用意しておき、委員会で披露しました。このビジネススキームは当社が勝手に描いたものではありません。南小国町の「あるべき姿」に沿って、聞き取りから導き出された住民の意見やアイデアを稼ぐエンジンの案として入れ込んだものです。

「あくまで案になりますが、南小国町はDMOを中心に、今後このようなビジネスを展開していくことになるのかなと思っています。4月からまた、よろしくお願いします」

私がこうあいさつすると、委員のみなさんから拍手が起こりました。正直、涙がでそうな瞬間でもありました（認めてもらえた！）。

おそらく南小国町のみなさんは、これまで町の課題を目の当たりにしながらも、具体的にどう動けばいいのかがわからなかったのだと思います。ときどき、まちづくりについての会議に呼ばれたり、議論をしたりすることはあっても、それが実際にかたちとなって動き出したことは今までなかった、と言う委員もいました。

今回は「あるべき姿」という「ゴール」が決まり、そこに向けて走っていくための「DMO」という「乗り物」をつくることが町としてほぼ確実になりました。そのタイミングで目にしたビジネススキーム案に、委員のみなさんは「町がいい方に向かって動き出し始めた」という手応えを感じてくださったのだと思います。

設立検討委員会の立ち上げ当時、DMO設立に賛成ではなかった南小国町観光協会長の平野直紀さんも、このころにはDMOの必要性を感じるようになっていました。

委員会には町内のさまざまな立場の方が参加されていました。みんなの話を聞いていると、「目新しいアイデアが出てこない」「だからといって、どうすればいいかもわからない」ということでした。観光業以外の人たちも、悩みは私たちと同じだったのです。小さな町ですから、それぞれの現場で行き詰まりが出ていた。設立検討委員会

［ 南小国版DMOのビジネススキーム（仮説） ］

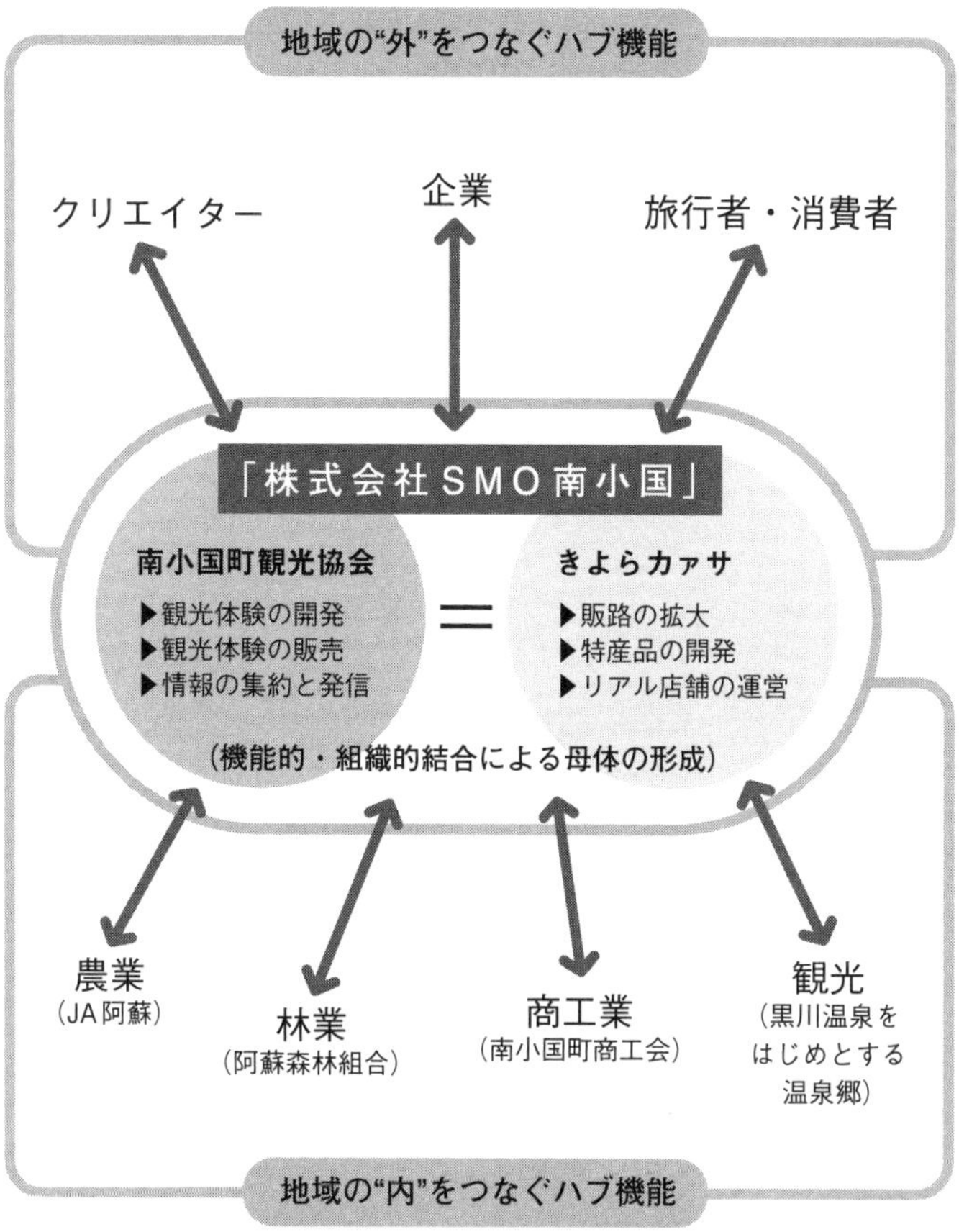

©2020 DHE Corporation

を終えるころには、町のさまざまな声を吸い上げて、解決まで伴走してくれる組織が必要だと感じ始めていました。

（南小国町観光協会長　平野直紀さん）

合意形成のコツは「住民の言葉」と「二者択一」

南小国町での「あるべき姿」づくりの話をすると、「13名もいる委員の意見をまとめていくのは大変だったのではないですか」とよく聞かれます。しかし、合意形成はそれほど難しいことではありません。

さまざまな意見をまとめて合意形成を進めるには2つのコツがあります。それは、「住民の言葉」で話すことと、「二者択一」で答えてもらうことです。

1つめのコツ、「住民の言葉で話す」は比較的容易です。会議の席では、住民への聞き取りで出てきた言葉をできるだけつかう、引用する、ということです。

編集の過程でわかりやすく言い換えることはありますが、変に格好いい言葉をつかうことはしない。極力、住民の言葉で、町の「あるべき姿」について話し、合意をとっていきます。

するとと、住民は自分たちの言葉ですから、違和感もなく合意しやすい。観光地域づくりの答えはすでに住民が持っています。私のようなよそ者の役割は、それをわかりやすく編集して、まとめること。そのため、なるべく住民自身の言葉をつかったほうがいいのです。

2つめのコツ、「二者択一」も難しいことではありません。なにかを決めなければならないときは、「AとB、どちらがいいですか」と2つの選択肢を用意して選んでもらう。それだけです。

住民には、狭い町のなかでの人間関係というしがらみがあります。そのため、条件をつけたり、例外を考えたりして、明確な回答を避ける傾向があります。

たとえば、私が「物産館のレストランは冬場は開けているだけで赤字です。閉めませんか？」と提案したとします。すると、返ってくる答えはこんな感じになります。「でも、おうどんや蕎麦を食べたいという住民もいる」「町民が食べたいと思ったときのために開けておいてあげたい」。内心では、赤字はないほうがいいと思っていても、狭い町内でのさまざまな事情を考慮するとこのような答えになってしまうのです。これではなかなか話がまとまりません。

そのため、決断が必要な合意形成のタイミングでは、なるべく原理原則だけを考えてもらうようにします。そのときに、二者択一が有効なのです。質問をシンプルにして二者択一で選んでもらうようにすれば、委員会の全員が「あるべき姿」に沿った意思決定しかしなくなります。

「物産館のレストランは、これまでの経験から冬場は開けているだけで赤字です。このまま営業して赤字を垂れ流したほうがいいですか。それともいったん閉めて、赤字の要因をなくして次の方法を考えるほうがいいですか。どちらか選んでください」と二者択一で答えてもらう。そうすれば誰でも後者を選ぶと思います。それが「あるべき姿」だからです。

決断が必要な会議の場での二者択一のメリットは、まっとうなこと、正しいこと、よくなるほうしか選択しなくなることです。二者択一をうまくつかえば、多様な意見がある場でも、合意形成をしていくことは可能なのです。

あいまいな事柄を明らかにする「ビッグデータ」

観光地域づくりのプロセスで、私たちの会社ではよくビッグデータをつかいます。地域の魅力を見つけ、「見える化」するときには「よそ者」視点が役に立ちますが、ビッグデータも地域の現状や課題、魅力を明らかにする客観情報として役に立ちます。

ビッグデータを読み解くと、これまで見えていなかった事実が可視化されます。観光客の国籍や性別、年齢、居住地、旅のルートなどがわかるため、それに合わせた観光商品や施策を考えることができるようになるのです。

ビッグデータにはさまざまなものがあります。公的なものであれば、自治体の観光動態調査のデータ、経済産業省と内閣官房が提供する地方創生地域経済分析システム（RESAS、V-RESAS）。民間のデータなら、グーグルやヤフーのツールをつかって取得することができます。

ただ、データを読み解くには専門知識が必要で、誰でもできる仕事ではありません。地域に専門人材がいなければ、外部に依頼することを考えてもよいと思います。現状把握が間違っていれば、仮説づくりや「あるべき姿」づくりにまで影響を及ぼしてしまいかねませんから。当社で積極的に取り入れているさまざまなデータに基づく観光地域づくり（EBPM：Evidence-Based Policy Making、エビデンスに基づく政策立案）は、まさに今、地域にとってもっとも必要な取り組みの一つと考えています。

❶ みつける

「みつける」でゴールを定め、観光資源の芽を探す

観光地域づくりには大きくわけて3つのステップがあります。それは「みつける」「みがく」「つなぐ」です。地域資源を発掘し、その魅力を最大化させ、地域外の人に届けていくための考え方です。

なかでももっとも大切なのは、「あるべき姿」というゴールを見つけ、稼ぐエンジンの芽となる地域資源を見つける最初のステップです。

地域のどこに魅力があるのか。その答えは、じつは地元の住民がいちばんよくわかっています。ただ、住民は知識として地域のことを知っていても、生活者視点から離れられず、その観光資源としての魅力にまで気づいていないことが往々

[観光地域づくりの３ステップ]

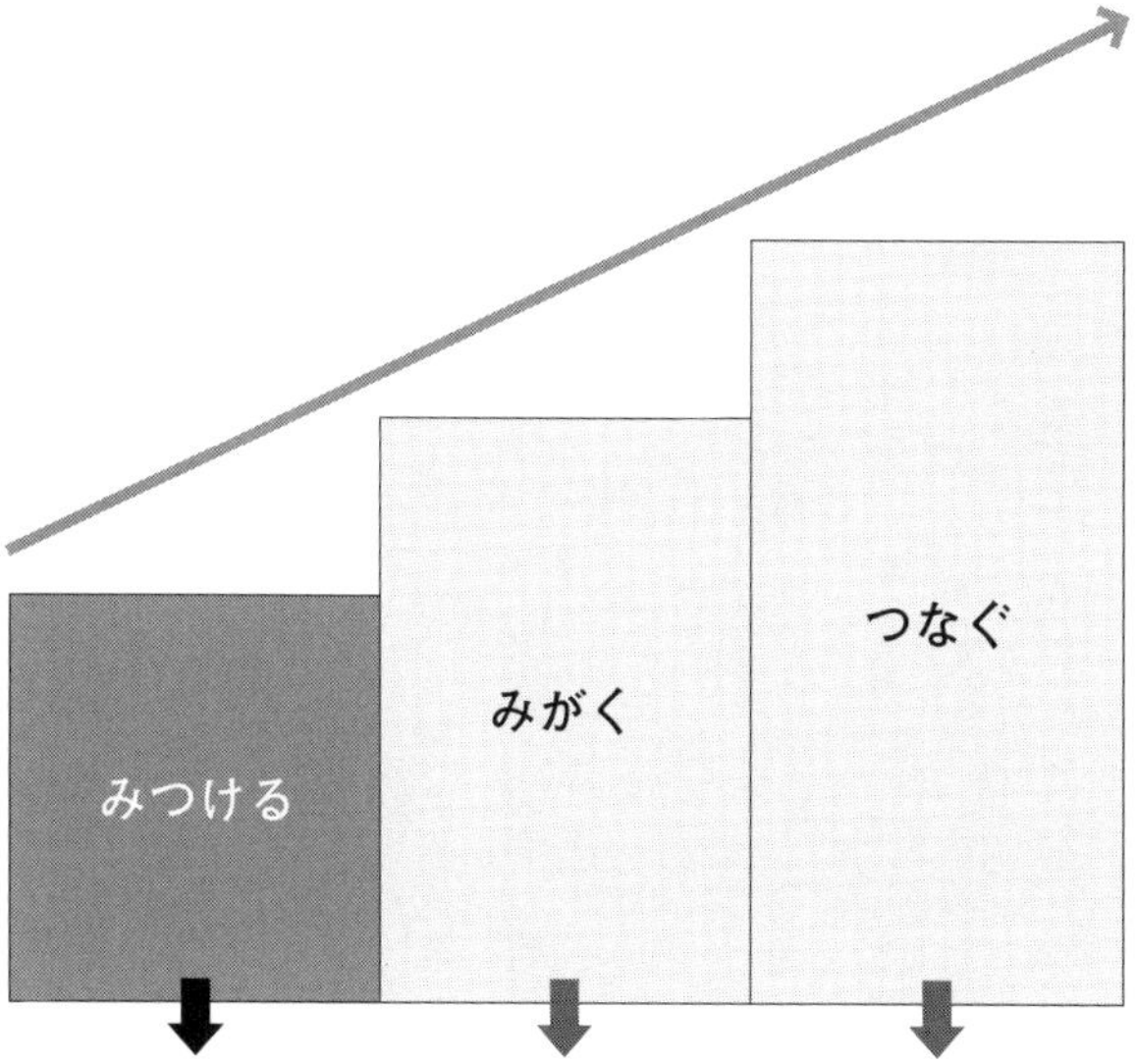

・地域らしさ（オンリーワン）

・地域の特色

・新しい視点

・ストーリーづくり

・ブランディング

・マーケット（市場）視点の商品づくり

・マーケティング（プロモーション）

・パートナーづくり
（地域内外の異業種のつながり、ヒト・モノ・カネ・情報）

©2019 DHE Corporation

にしてあります。

地域にある地域資源が観光資源として通用するのかどうかを知るためには、「よそ者視点」を活用したほうが効率的だと私は思っています。地元の人だけでは難しい場合は、よそ者視点も活用して地域資源の魅力を見つけていくことをおすすめします。


たとえば住民への聞き取りで、林業に携わる人のところへ話を聞きにいったとしましょう。日常の話、仕事の話、林業の課題、町の課題について聞いていくなかで、「最近、『自分でも木を切ってみたい』っていう人がいるんだよ」という話が出てきたとします。

よそ者視点があると、こういう何気ない話を素通りさせずにつかまえやすくなります。私のようなよそ者は、「いかにこの地域資源を観光資源にできるか」「稼ぐエンジンになるか」というアンテナを立てて話を聞いています。「最近、『自分でも木を切ってみたい』っていう人がいる」という話は、観光資源の芽になりうるため、私なら絶対に逃しません。しかし、住民はおそらく素通りさせてしまう類いの話でしょう。

地域の住民にとって、日常的にしていること、見聞きしていることは、あくまでも日常生活の一環です。めずらしくもなんともなく、そこに観光資源としての魅力があるかなんていちいち考えないのがあたりまえです。

そのあたりまえの日常を、観光資源として魅力的かどうか判断するのは、よほどの訓練をしなければ難しいでしょう。

南小国町では、先の林業の人の口から出たこのひとことに観光資源の芽を見出し、林業体験のコンセプト商品をつくりました。その商品は各種調査やデータによる分析を経て、インバウンド向けガイドツアーとして磨き上げられています。

膨大な情報から地域の「あるべき姿」を「みつける」。数ある地域資源のなかから観光資源になりそうな芽を「みつける」。

このステップをしっかりとふまなければ、観光地域づくりは始まりません。「みつける」は、観光地域づくりの最初の重要なステップです。そのことをぜひ心に留めておいてほしいと思います。

南小国町では、ＳＭＯ南小国設立以前から、観光資源になりそうな芽をうまく見つけて「あるべき姿」を設定し、観光地域づくりの3ステップをふんで地域資源を観光資源として磨き上げ、成功している人たちがいます。

なかでも、実家の製材所の木材を活用したプロダクトを次々と世に送り出している株式会社Foreque の穴井俊輔さんは突出した存在です。

穴井さんは2017年にインテリア・ライフスタイルブランド「FIL」を立ち上げ、南小国町の位置する阿蘇の歴史や文化をふまえたプロダクトを開発・販売しています。今では南小国町のふるさと納税の返礼品としても1千万円以上の寄付額を集める人気のブランドへと成長を遂げました。

最近では、熊本の銀行の店舗内装をプロデュースしたり、フランスの高級ブランド、カルティエのキャンペーンサイトで家具が採用されたりと、国内外で注目を集めています。

穴井さんは南小国町の出身です。東京のコンサルティング企業での勤務や海外留学を経て、町内にある実家の製材所「穴井木材工場」に入りました。が、林業の衰退ぶりを目の当たりにしてブランドを立ち上げることを決意。南小国町の地域資源である小国杉を観光資源へと磨き上げています。

ブランドの「あるべき姿」を設定したうえで、町外の人に注目してもらうにはどうすればいいか、そのためにはどんなストーリーづくりやブランディング、マーケティングをすればいいかも考え抜かれている。「南小国町の美しい景観と人々の暮らしは、観光資源に資する」というＳＭＯ南小国の理念を、先行して体現されている存在だと私は思っています。

実家の製材工場を手伝うために南小国に戻ってきて、林業の衰退ぶりに驚きました。材木の価格は下がり、製材工場の経営もかなり厳しい状態に置かれていた。なんとかしなければ、と解決の方法を探し始めました。

ただ、一製材工場だけ元気になっても仕方がない。山に入って伐採する木こりさんが生計を立てられなかったら、よい素材すら入ってこなくなり、うちの工場も立ち行かなくなります。自社だけでなく、町全体のブランドを高めたいと少しずつ考えが変わり、町の観光業や農業の若手の人たちとも交流するようになりました。

ただし、まったく異業種のことに手を出すつもりはなかった。製材所の三代目であること、良質な木材を手に入れられる立場にあることの必然性を生かした取り組みにしようと思っていました。

そうしてたどり着いたのが、新しいブランドを立ち上げる構想です。南小国町や小国杉に注目してもらうためには、象徴的なブランドを持っておいたほうがいいだろうと。ヨーロッパの一流ブランドのように長く広く愛されるために、普遍的な価値、南小国ならではの歴史や文化、哲学をブランドの根底にしっかり置こうと考えました。そして、阿蘇の歴史や杉について勉強を始めました。

ブランドコンセプトづくりには1年ほどかかりました。東京から来る友人たちは「南小国に来ると心が満たされる」と言います。その理由を突きつめていくと、彼らは南小国の人のつながりの深さ、自然と深くつながっている生活に惹かれているのだとわかりました。人と自然との深いつながり。それをブランドの根幹にしようと決め、その価値を伝える方法を探っていきました。そうして生まれたのが「FIL」です。コンセプトは「Fulfilling Life」。「あなたにとっての満ち溢れた人生とはなにか」を問いかけるブランドでありたいと考えています。小国杉をつかった家具やエッセンシャルオイルを中心とした商品をそろえています。

FILの商品は南小国町のふるさと納税の返礼品にもなっています。こちらからふるさと納税の委託業務を請け負っているSMO南小国にお願いしました。ECサイトで買っていただくのもうれしいのですが、できればぜひふるさと納税を通して買ってほしいと思っています。弊社が潤うだけでなく、町にもお金が入りますから。

2020年6月から南小国中学校の協力をいただき、週1回、中学生9名と「ファブラボ」という木工をテーマとした活動をしています。木に関するさまざまな講座や体験を提供する「木育」は、ブランドをつくったときから挑戦したかったことです。ブランドの根幹には、南小国の自然や暮らしを人々が引き継いでいく循環をつくるというビジョンがあります。

木工でつかう材料は、中学生たちのお祖父さんたちが植えた木。それをつかって木工ができていること、小国杉とはどんなものかを知っておくことで、一度外に出た子どもたちが町に戻ってくる可能性が高くなる。木によって人の循環をつくることにも貢献していきたいと考えています。

（Foreque代表取締役　穴井俊輔さん）

穴井俊輔さん

阿蘇の野焼きで生まれる墨黒色の風景にインスパイアされたFILの家具

第3章

SMO南小国によって町を機能させる

町の魅力を「みがく」「つなぐ」

観光協会と物産館を融合してＤＭＯに

２０１８年3月末、「南小国版ＤＭＯ設立検討委員会」で、ついに南小国版ＤＭＯ設立の合意形成がなされました。ここから、設立のための具体的な準備に動き出します。それにともない、設立検討委員会は「設立準備委員会」に名称を変更しました。

準備委員会の最初の仕事は、ＤＭＯをどのようにしてつくるかを考えることです。「あるべき姿」という南小国町がめざすゴールは決まりました。今度はそのゴールに向かって走っていくための乗り物、つまり組織について考えていきます。

組織づくりの方法としては、新しい組織を立ち上げるか、既存の組織を融合するかの、2つの方法があると思います。南小国町はどのようにして組織づくりを進めていったか、紹介しましょう。

［５つの方針］（取り組むべき主要課題）

●観光業と農林畜産業をはじめとする地場産業を融合する

●地域や業種を超えて、様々な人材を結びつける
●南小国の地域資源を磨くためのアイデアを創出し、実行する
●里山の暮らしをはじめとする南小国の魅力を発信する
●まちづくりのノウハウを地域に蓄積・浸透させる

設立検討委員会では、新しい組織でこの5つの主要課題に取り組む必要があると結論が出ていました。

「いい組織ができそう」「本当にこれを実行できると町が変わるね」——。委員たちは口々にそう言い合い、委員会は盛り上がりました。

しかし、誰がこれを実行するのか。DMOを一から立ち上げて新しいメンバーをリクルーティングするのか。既存の組織やメンバーを融合してDMOとしてスタートするのか。それを決める段階になると話が止まってしまいます。誰もが、南小国町にDMOのような組織が必要だという点では一致しているのに、です。

このように話が止まってしまったときは、問いかけをシンプルにします。私はこうたずねました。

「この町にはＤＭＯのような機能する組織が必要だという点では合意形成できましたよね」

「そうですね」

「その組織は新しく一から立ち上げたほうがいいでしょうか」

「それはないかな。お金がかかるし、この町には人がいない」

「それなら、既存組織の機能を活用し融合したＤＭＯになりますね。観光協会ときよらカァサです。きそうな組織は、この町にすでにあると私は思っています。観光協会ときよらカァサです。５つの方針を実行で

観光協会は情報発信が仕事ですし、観光商品開発の機能を有している。きよらカァサは地場産品を売っていて、町内外の人が買いに来る。どちらも南小国町のいいものを取り扱っていて、町内と町外の接点となる組織です。きよらカァサが物産を通じた地域商社機能を担うこともできる。観光協会ときよらカァサの機能が融合すればＤＭＯになると思うのですが、どうでしょう？」

「たしかに。ただ、せっかくいい組織ができあがろうとしているのに、そこにきよらカァサを入れたら足手まといになるのでは……」

ＤＭＯで、組織も人も「機能させる」

「きよらカァサ」はここまで何度かご紹介してきた、長年赤字を出し続けている町の物産館です。

その物産館と観光協会とを融合する――。委員のみなさんには突拍子もないアイデアに聞こえたかもしれません。それは「組織」に着目しているからだと思います。

私たちはいつも「組織」ではなく、それぞれの組織の持つ「機能」に着目しています。魅力的な観光商品や町の情報を発信して観光客を呼び寄せる観光協会。地域の魅力的な商品を販売して、町内外のみなさんに買いに来ていただく物産館。地域のいいものを取り扱い、町内と町外をつなぐこの２つの組織の機能を融合するのは、ごく自然なことだと思いました。

しかし「組織」の融合を提案すると、委員のみなさんは難色を示しました。異なる組織をいっしょにするだけでもハードルが高いと思えるのに、赤字続きのきよらカァサが、華々しくデビューしようとしているＤＭＯの足を引っ張ってしまうのではないか。ＤＭＯへの期待が大きいだけに、委員のみなさんから心配の声が上がりました。

もちろん、きよらカァサが何の改革もしなければ、確実にＤＭＯの足手まといとなるでしょう。融合するからには絶対に変わらなければなりません。

企業を経営する私から見れば、きよらカァサをよくするためにできることはいくらでもあると思いましたし、委員のメンバーからもさまざまなアイデアが出ていました。目利きをした上での商品の仕入れ、ディスプレイ、レイアウト、接客、従業員のマネジメント――。これらを改善すれば、きよらカァサは南小国町の地域商社として稼ぐエンジンに生まれ変われる。それなりにお客さんが訪れているし、うまくやればＤＭＯとしての役割を果たすこともできるはずです。

ただ、しがらみだらけの住民が改革していくのは難しいでしょう。きよらカァサの改革の必要性を強く感じている委員のみなさんは本業があり、深く関与することはできません。

私はきよらカァサに対する委員のみなさんの心配事をすべて聞きました。そして、心配事はＤＭＯで解決する、それがＤＭＯの役割でもある、とお話ししました。

「みなさんが心配されている点は、ＤＭＯですべて解決していきましょう。きよらカァサは『あるべき姿』『正しい姿』に戻らなければいけない。きよらカァサの本来の機能を取り戻しましょう。私たちは改革を提案するだけでなく、しっかり伴走して見届けます」

委員のみなさんも、機能に着目すれば観光協会と物産館が融合してＤＭＯになるのは自然な流れだとすぐにわかったと思います。それに、一から新しい組織を立ち上げるのも資金面や人材面から現実的ではない。残された道は、既存組織の機能をうまく活用することでした。現状でうまく機能していないなら、これを機会に機能させればいいのです。

このとき、してはならないことがあります。それは、既存の組織の「名前だけ」をＤＭＯに変えることです。もちろん、きちんと組織や人が機能しているところなら問題ありません。しかし、機能していない組織の看板だけ掛け替えても、当然ながらＤＭＯは機能する組織にはなりません。

機能させるための方法としては、組織構成の見直し、人材の教育、新規採用など、その組織が置かれている状況によってさまざまな方法があると思います。組織も人も機能させるために、なにをしなければならないかを考え、着実に実行していくことです。

こうした議論を経て、南小国町観光協会と南小国町総合物産館きよらカァサを融合して

DMOを設立することが決まりました。法人名は「株式会社SMO南小国」。SMOは「Satoyama Management/Marketing Organization」の略称です。マーケティングとマネジメントで南小国の上質な里山の景観や暮らしから新たな価値を生み出し、町全体で稼いでいく組織、という意味が込められています。

SMO南小国では4つの事業部を設けることになりました（のちに5つとなる）。「情報発信部門」「観光部門」「物産部門」「ふるさと納税部門」です（のちに「未来づくり事業部」を新設）。

観光部門には観光協会が属し、ツアー商品の開発、ガイド、観光に関する情報発信を担当します。

情報発信部門はそれら以外の南小国町の観光、商品・サービス、人についての情報発信業務を担います。

物産部門は、きよらカァサを拠点とした地場産品の販売を担います。きよらカァサのスタッフがここに組み込まれました。

ふるさと納税部門は文字どおり、南小国町のふるさと納税業務を担当する部門です。事務処理のほか、返礼品となる地場産品の発掘や磨き上げ、ふるさと納税サイトに掲載するための取材、情報発信も担当します。

未来づくり事業部は、人材育成プログラムの企画や実施、プロジェクト組成を通して、人と人とをつなぐハブ機能を果たしていきます。

SMO南小国の事業戦略

観光協会と物産館を融合してSMO南小国をつくることが決まりました。次は事業戦略づくりです。事業戦略とは、事業における具体的なアクションを指します。

南小国町の「あるべき姿」をつくるとき、住民への聞き取りをおこないました。ほかにも、経営戦略立案のフレームワークであるSWOT分析をつかって、南小国町の内部環境と外部環境を分析していました。これらの情報をもとに、髙橋町長や役場の方々、設立準備委員会のメンバーとともにSMO南小国の事業戦略を考えていきました。各事業が稼ぐエンジンとして機能するためになにをしなければならないのか。一つひとつの戦略に落とし込んでいきます。

SMO南小国の事業戦略は3つの柱で構成されています。名づけて「3本の矢戦略」です。

[株式会社SMO南小国の「3本の矢戦略」]

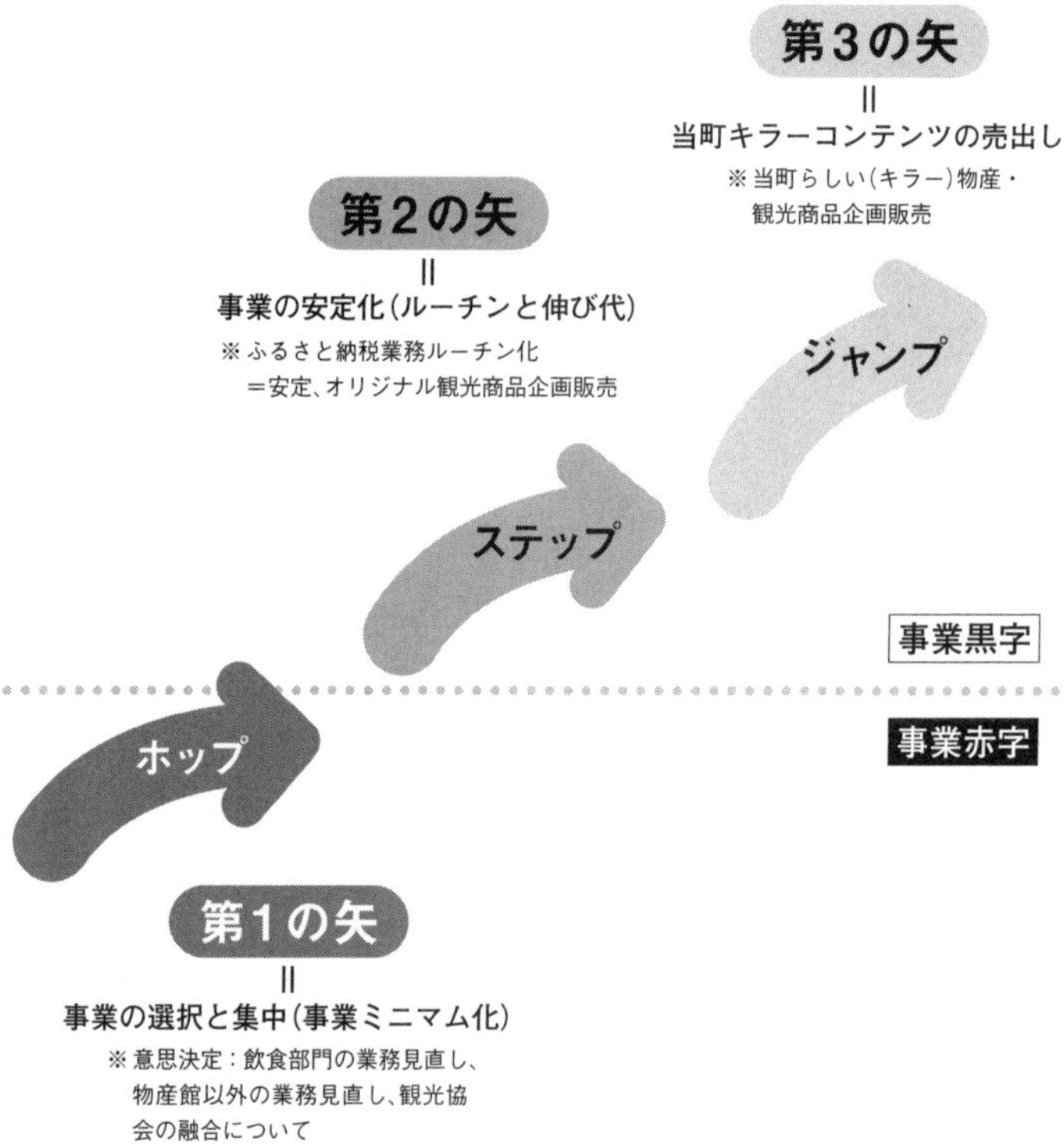

©2020 DHE Corporation

思いつく事業をただズラズラと並べるだけではいけません。南小国町の場合はまず、SMO南小国が自力経営できるようにしなければならないと考えました。町からの補助金をあてにせず、SMO南小国でしっかりと稼いで雇用を維持していく。その上で「町全体で稼ぐ」を実現することができると考えました。

「3本の矢戦略」の意図を一つずつ説明していきましょう。

【第1の矢】 目的は「事業の選択と集中」

「第1の矢」のコンセプトは「事業の選択と集中」。融合した観光協会ときよらカァサの事業をすべて見直すことから始めます。赤字の事業、SMO南小国として担うべき事業とそうでない事業を見きわめ、事業をミニマム化するのが目的です。

観光協会ときよらカァサを融合してSMO南小国をつくることが決まったとき、もっとも心配されたのがきよらカァサの万年赤字体質です。これを解決しなくては、町全体で稼ぐどころではありません。まずはここから手をつけることにしました。

［戦略方針❶］
2018年度、2019年度以降の「レストラン（飲食）部門」の業務見直し
●厨房を使った業務は一旦業務停止。但し、外部仕入等による飲食品販売は継続する
●厨房スタッフの物産館内販売コーナーへの配置転換、およびシフト最適化

「第1の矢」の戦略方針❶で私たちが提案したのは、きよらカァサのレストラン部門をいったん閉鎖することでした。レストランの厨房を開けているだけで、光熱費が月に10万円かかります。オフシーズンの12月～3月に閉めるだけで、40万円を節約することができるのです。お客さんの来ないレストランは閉めて、そこで働いていた人には物産館の販売コーナーに回ってもらうことを考えました。

［戦略方針❷］
2019年度以降、「物産館」運営以外の「きのこセンター」「温泉館きよら」運営業務の見直し

●「きのこセンター」：製造と販売の分離
●「温泉館きよら」：業務範疇外の分離

戦略方針❷では、きよらカァサが担ってきた物産館以外の業務の見直しも提案しました。「きのこセンター」は、町がきよらカァサに指定管理委託していた、きのこの栽培施設です。「温泉館きよら」は町民向けの温泉施設で、こちらも町がきよらカァサに指定管理委託していました。

これらは、「あるべき姿」からみたSMO南小国の機能を考えると必要のない事業となりました。町内にはきのこ農家が何軒もありますし、温泉は言わずもがなです。「餅は餅屋」と判断しました。

［戦略方針❸］
SMO南小国と観光協会業務内容（予算執行含む）の重複機能の融合について
●情報発信業務・WEBサイト統合
●地域内支部・会員連携業務

●総務経理部門：業務の完全統合

戦略方針❸では、ＳＭＯ南小国と観光協会で重複している業務を一つにまとめることを提案しました。

ＳＭＯ南小国は観光協会ときよらカァサを融合させてつくる組織ではありますが、観光協会にはそれまでの活動の歴史があり、会員がたくさんいます。そのため、名実ともに融合するには時間がかかることがわかりました。しかし、観光協会の職員はＳＭＯ南小国のスタッフでもあります。

そうなると、ＳＭＯ南小国と観光協会の双方が同じ業務、似たような業務を続けることは効率的ではありません。そのため、ＳＭＯ南小国の中に観光協会事務局は時限的に残るけれども、情報発信業務、地域内支部・会員連携業務、総務経理部門の業務は一つにまとめることを提案したのです。

【第２の矢】目的は「事業の安定化」

「第2の矢」のコンセプトは「事業の安定化」です。「第1の矢」で赤字の原因やコストの重複を断ち切りました。「第2の矢」では、商品をつくり、磨き上げ、事業を回してSMO南小国の財政基盤を確立していきます。

SMO南小国自体が稼がなくては、そこで働くスタッフの雇用を維持することができません。法人ですから、町や国の補助金をあてにすることなく、自分たちで稼げるようにならなくてはいけません。稼ぐエンジンづくり、それが「第2の矢」の本質です。

［戦略方針❶］
ふるさと納税業務のルーチン化による安定収益の確保
- 納税額最大化を目指すための「品揃え（目利き）」「情報発信（広告・パブリシティ）」
- 業務スケジュール・タスク・人材配置の最適化

戦略方針❶は、ふるさと納税によって地域資源、地域産品をお金に換えるアクションです。SMO南小国設立前、2017年度の年間寄付額はおよそ1億円でした。町で生産される農産品の品質の高さ、味のよさといったポテンシャルを考えると、寄付額はもっと上げられるはずだと考えました。ふるさと納税はうまくいけば、町全体で稼ぐためのエンジンになりえます。そのため、町が外部に委託していたふるさと納税の業務をＳＭＯ南小国に委託することをお願いしました。これで、外部の事業者に支払っていた年間寄付額の15％にのぼる業務委託費を町に残すことができます。

ＳＭＯ南小国がふるさと納税の業務を請け負えば、ふるさと納税の返礼品の目利きをして品揃えを充実させられます。新しい商品を見つけ、磨き上げることも、今まで以上にしやすくなります。

ふるさと納税に関する情報発信もＳＭＯ南小国のスタッフが担当することで、南小国町と町外の人とをつなぐ役割も担っていきます。

［戦略方針❷］

オリジナル観光商品企画と販売

- 販売商品の充実（数 or 内容）化

戦略方針❷では、ＳＭＯ南小国としてのオリジナル観光商品を企画して販売することを考えました。

南小国町では２０１６年の熊本地震後、町の防災力を高める手段の一つとして、小型の無人航空機ドローンを活用した事業に取り組み始めています。観光協会はこのドローンに着目。ＳＭＯ南小国設立以前から「南小国ドローン手形」の販売に向けて動いていました。これをＳＭＯ南小国の事業戦略の一つに組み込んだのです。

近年、一般の人がドローンによる空撮をすることが増えてきました。しかし、ドローンを飛ばせる場所は限られています。そこで、ＳＭＯ南小国が地権者の協力を得て、南小国町の美しい広大な牧野でドローンを飛ばすことができる手形をつくりました。１枚３０００円で9時から17時まで、指定された６つのスポットを好きなだけ回って飛ばすことができます。

ドローン手形で利益を生むことができれば、「美しい景観は観光資源に資する」を体現する商品となります。牧野の権利者に利益を還元することで地域経済循環が生まれます。地権者はこの利益を牧野の手入れにつかうことができ、地域特有の景観を維持することにもつながります。

マーケット拡大のための情報発信活動は、大手旅行会社からＳＭＯ南小国に出向しているスタッフに担当してもらうことになりました。

［戦略方針❸］

物産館の品揃え強化（充実化）

●町民向け、観光客向けの品揃え強化とPB商品開発等による販売粗利率UP

戦略方針❸では、きよらカァサの品揃えを充実させていきます。これまでは、農家さんが持ち込んだ野菜をただ並べているだけでした。SMO南小国設立後は、観光客のほしい商品をきちんと目利きした上で仕入れたり、きよらカァサ独自の商品（プライベートブランド）を開発したりすることで粗利率のアップをめざすことにしました。

また、黒川温泉で使用する食材の地産地消率をさらに上げて、地域消費の最大化もめざしていくことになりました。

［戦略方針❹］

「町の人事部」としての、地域の「人的な負」（人材の不足やミスマッチ）を解消する機能を担う事業の検証

●宿（観光業）、林業、農業、イベント、遠隔操作、アクティビティ受付運用
●地域外から「人が集まる」仕組みづくり企画

戦略方針❹では、2018年まで町役場が中心となっていた未来づくり事業（旧ローカルベンチャー事業）をSMO南小国が引き継ぐことになりました。

そのために、町内と町外の人々をつないで新たな価値を生み出すための仕組みをつくっていきます。地域内のニーズと人的リソースのデータベース化を進め、仕事の需給バランスを整えていくことも計画しました。

【第3の矢】 目的は「南小国町キラーコンテンツの売出し」

「第3の矢」は、「第1の矢」と「第2の矢」の後に実行する戦略です。赤字を解消し、売れるものをひととおりそろえた後で、より南小国町らしさを突きつめた商品、観光商品を企画・販売していく内容です。キラーコンテンツをつくることで、継続的に稼げる町にすることをめざします。

［戦略方針❶］
当町らしい（キラー）物産・観光商品企画販売
●当町に訪問する観光客の大半が購入・体験する商品づくり

事業戦略を作成した2018年当時、町には約8万7千人もの外国人観光客が訪れていました。そのため戦略方針❶では免税店を整備し、町を訪れた外国人観光客のほとんどが訪れるような消費の場をつくることを提案しました。また、東京や福岡の商業施設にポップアップ・アンテナショップをつくる構想もありました。

［戦略方針❷］
「上質な里山」を実現するための各種投資・マーケティング活動の実施
●当町の環境維持・向上の為の様々な方面への投資

戦略方針❷は、南小国町を「上質な里山」のある町としてブランド化し、投資やマーケティング活動を継続しておこなっていくための提案です。中長期的な視点に立った具体的な施策に落とし込むために、まずは地元事業者の経営陣にヒアリングをおこなってから施策を検討することにしました。

［戦略方針❸］

当町らしい民泊体験施設運営や観光客・町民向け各種サービスの展開

- 新規事業への積極的な投資や取り組み展開

戦略方針❸では、観光を軸に町全体で稼ぐための提案です。具体的には、民泊施設を巻き込んだ体験プログラムを開発して販売することを考えました。

観光地域づくりの3ステップ

「みがく」と「つなぐ」で、町の魅力を最大化する

❷「みがく」 ❸「つなぐ」

観光地域づくりの最初のステップ「みつける」の次におこなうのは、見つけた地域資源を磨いて観光資源とすることです。これが観光地域づくりの2番目のステップ「みがく」になります。

❷「みがく」

「みつける」で顕在化した観光資源の芽をいかに成長させるか。それが観光地域づくり2つめのステップ、「みがく」です。

観光地域づくりでも、有形か無形かは別にして、商品を売っていくことは通常

のビジネスと同じです。そのため、「みがく」のステップではストーリーづくりやブランディング、マーケティングが必要になります。

◎ストーリーづくり

「みつける」で明らかになった地域内に点在する観光資源の芽（例：自然、食、景観、文化財、体験）を整理して、地域ならではの特徴や新しい視点という特定の切り口でストーリー化し、見える化（文章化や映像化）したものです。ストーリーをつくるときには「その地域らしさ」「新しい視点」「希少」「マーケット視点」を考慮します。ストーリーがきちんとできていると、地域の新しい魅力が明確になり、新しい興味・関心層に訴えかけることができます。

たとえば、SMO南小国が開発したインバウンド向けガイドツアーのストーリーは次のようになりました。

「南小国では、猛烈に忙しい都会の生活から離れて、よりシンプルな価値観と再会するチャンスを得ることができます。

温かく愛情にあふれた人たちとともに野菜を収穫し、ともに調理して食べるというシンプルな幸せを分かち合いましょう。

自転車に乗って飛び出そう。そよ風の吹いている、何世代にもわたって保護されている地元の文化によって形づくられた息を呑むような牧歌的な風景のなかへ。空に伸びる美しい真っ直ぐな杉の穏やかな森を散策しよう。日本の林業の世界を垣間見ることができます。

南小国は、未開拓の日本文化を真の姿で体験できる場所。最初の一歩をふみ出して、私たちといっしょに日本を探検してみてください！」


このストーリーは、いわば観光商品の「あるべき姿」のようなもの。これをもとに、観光商品にさらに磨きをかけていきます。

◎ブランディング（区別化）

ブランディングの定義は人によってさまざまです。私はブランディングを「区別すること」「区別できるような状態にすること」と定義しています。

ブランドというと、ルイ・ヴィトンのような高級ブランドをイメージするかもしれません。そのため、ブランディングも「高級にすること」だと思っている人がいますが、それは違います。

先につくったストーリーによって、他の地域と自分たちの地域を積極的に「区別化」し、好きになってもらう。それがブランディングの本質だと思います。

たとえば、黒川温泉なら「旅館と自然が調和した里山の温泉郷」といったイメージが多くの人の頭のなかに浮かぶのではないかと思います。そのイメージが強化されていくと、「黒川温泉といえば旅館と自然の調和した温泉郷」「黒川温泉といえば里山の風景が魅力」とすぐにイメージしてもらえるようになり、憧れられ、選ばれるようになります。

このブランディングができていないと、あとでどんな販促活動をしても想定した人たちに商品が届かない、商品を買ってもらえない、ということになりかねません。

ブランディングの実施手順としては、先の「みつける」ステップでおこなった調査や分析の結果をもとに商品の強みや価値を考え、それをブランドメディアにも反映していきます。これを継続しておこなうことで、ブランドを強化していくことができます。

◎マーケティング（変化対応）

マーケティングの定義も人によっていろいろありますが、私はマーケティングを「世の中のニーズに対して変化対応し続けること」と定義しています。世の中のニーズはつねに変わり続けています。それに合わせて商品を磨き上げていくための戦略。それがマーケティングです。

たとえば、２０２０年のコロナ禍によって世の中は大きく変わりました。「３密」を避ける必要性が高まったために旅に求められる価値、旅のスタイルも大きく変化したはずです。観光地域づくりにおけるマーケティングは、そのような変化に対応して、商品が売れるように絶えず商品を磨き上げることを意味します。

そのために、変化対応にあたっての調査「マーケティングリサーチ」や、変化対応のための市場テスト「テストマーケティング」をおこないます。観光商品を購入する顧客の人物イメージ「ペルソナ」を考え、その人物がとりそうな行動を予測し、「カスタマージャーニーマップ（ペルソナの情報収集の手段やタイミング、訪問地検討や判断の手法などを詳細に書き記したメモ）」で可視化しておきます。すると、ペルソナの目にふれるシーンやタイミングで販売促進のための情報発信ができるようになります。

その観光商品は、消費者が価値を感じられるものになっているか。価格は消費者が納得できる金額か。流通は顧客の利便性を考えているか。一方通行ではなく、顧客と双方向のコミュニケーションを取った販売ができているか。これらをマーケティングを通して絶えず考えることが必要です。商品を製造・販売する事業会社と同じように、観光地域づくりを担う法人にもマーケティングは欠かせません。

全国各地で観光地域づくりをみてみると、買い手を想像して商品を磨き上げるマーケティングをすることなく、売り手都合で観光資源の磨き上げをしているケースが多いようです。それでは顧客の支持を集めることは難しいと思います。

❸「つなぐ」

「つなぐ」は、端的にいえば情報発信のことです。②「みがく」のステップで練り上げたマーケティング戦略にもとづいて地域や商品の情報を発信していくステップになります。②「みがく」で成長させた観光資源の芽を、さらに伸ばしていくイメージです。

ただ、「つなぐ」には2つの方向性があります。1つめは「地域と地域外をつなぐ」、2つめは「地域内をつなぐ」です。

◎地域外と「つなぐ」

1つめの「つなぐ」は、外への情報発信によって地域と地域外をつなぐことです。ファンの人、興味関心のありそうな人に確実に情報を「伝える」「届ける」ためのステップと言い換えてもいいでしょう。

情報発信の手段はたくさんあります。テレビ、ラジオ、新聞、雑誌、広告、ネット広告、SNS、ウェブメディア……。②「みがく」のステップで設定したペルソナとカスタマージャーニーマップがあれば、それにもとづいてペルソナとの接点をつくりやすそうな手段を採用します。

たとえば、アクティブシニア層がペルソナなら、シニア層が親しんでいる新聞や雑誌に広告を出すことが考えられるでしょう。南小国町の観光地域づくりでは、若者や都会に住む田舎暮らしに関心のある層をペルソナとしていたため、SMO南小国はデジタルマーケティングに力を入れました。

デジタルマーケティングは、マーケティング戦略にもとづいたインターネットによる販売促進活動を指します。具体的にはウェブサイトやＳＮＳを活用して情報発信をしていきます。年に一度はＫＰＩ（重要業績評価指標）を確認し、効果が表れているかどうかを分析します。効果が出ていないようなら情報発信の仕方を見直すこともあります。

ＳＭＯ南小国では、新しい記事メディアを立ち上げました。それが「里山再発見メディアＳＭＯＭＯ（すもも）」（https://minamioguni.jp/）です。

情報収集を積極的にする層は、インターネットで自分たちの興味関心を引くものをつねに探しています。そのため、南小国町の情報がグーグル検索で上位に表示されるように、スポット情報ではなくある程度の文章量のある記事を掲載するようにしていただきました。

記事づくりは、ＳＭＯ南小国情報発信部門のスタッフが担当。彼らが町内を取材して写真を撮り、文章を書きます。フェイスブックやインスタグラムも組み合わせて、里山に興味関心のあるペルソナに町の魅力を確実に届けようとしています。

またデジタルマーケティングの一環として、ＳＭＯ南小国のユーチューブチャンネルも開設し、「かじ×マックスのなんさんよかばい！」という10分ほどの番組を制作・配信しています。

「なんさんよかばい」は阿蘇の方言で、「とにかくいいよ」という意味です。出演者は南小国町在住で、ＳＭＯ南小国情報発信部の梶原麻由さんと、同観光部のスウェーデン人、ワル・マックスさん（ＤＨＥより出向）。ふたりが町内をめぐり、町の人やおいしい食べ物、観光スポットを紹介しています。

◎地域内を「つなぐ」

２つめの「つなぐ」は、地域内の住民同士をつなぐための情報発信です。観光資源の芽をさらに大きく育てて稼げる町にするためには、外への情報発信だけでは足りません。地域資源を観光資源化するときには、賛成の人もいれば反対の人もいるものです。

地域内のさまざまな立場の人たちと合意形成をして観光客を迎え入れるためには、地域内連携が不可欠です。そうしなければ、いくら外に魅力的な情報発信をして観光客が来ても、観光客を迎える体制ができておらず、かえってがっかりさせてしまうことになります。②「みがく」でつくりあげてきた地域のイメージや商品の印象も悪くなってしまいます。

ＳＭＯ南小国では年1回、事業報告説明会を開いています（2020年度はコロナ禍のため未開催）。南小国町の人なら誰でも参加してＳＭＯ南小国の事業や成果、決算について知ることができます。しかし、年1回ですから、地域内をつなぐための情報発信としては不十分です。日常的な情報発信が必要です。

ＳＭＯ南小国では、役場にお願いしてケーブルテレビの番組枠を分けてもらっています。この枠で「かじ×マックスのなんさんよかばい！」をくりかえし放送しているのです。そのほか、南小国町の広報誌『きよら』でも、ＳＭＯ南小国関連のニュースを随時掲載しています。

こうした日常的な発信により、ＳＭＯ南小国の活動に対する理解や共感が生まれ、合意形成につながっていきます。

ウェブサイトの記事やユーチューブの番組を制作する際の取材活動、観光商品を企画・構想して町の人たちと相談しながらかたちにしていくプロセスも、地域内を「つなぐ」役割を果たします。ＳＭＯ南小国の活動を通じて観光地域づくりの意義を伝え、町の人を巻き込んでいけるからです。そして、その活動が実って生まれた利益は、しっかり住民に還元していく。

つまり、ＳＭＯ南小国の日々の活動の一つひとつも、「つなぐ」になるのです。

実際、これらの情報発信をきっかけに、ＳＭＯ南小国の活動に協力してくれる人が増えています。「この体験もツアーに組み込めないだろうか」とＳＭＯ南小国に相談が寄せられることも出てきました。

②「みがく」と③「つなぐ」。このステップもへて、①「みつける」で発掘した町の魅力は最大化していくのです。

①「みつける」、②「みがく」、③「つなぐ」の３ステップは、数多くの地域資源のなかから観光資源になりうるものを見つけ出し、磨き上げ、地域外の人に届けていくための大切なステップです。この３ステップを観光地域づくりのあらゆる場面で意識することで、観光地域づくりの成功確率は上がっていくはずです。

第４章

町長も驚いた、
南小国町の“奇跡”

「３本の矢戦略」を実行する

町外のマネジメントのプロをＣＯＯに

２０１８年７月、髙橋周二町長を代表取締役社長とした南小国版ＤＭＯ「株式会社ＳＭＯ南小国」が発足、観光協会はきよらカァサと同じ建物に引っ越しました。きよらカァサの建物が、ＳＭＯ南小国のオフィスとなったのです。

ＳＭＯ南小国の経営の舵取り役である最高執行責任者（ＣＯＯ）は、株式会社地域のチカラ代表取締役の北岡敦広さんにお願いすることになりました。

北岡さんは前職で中途・新卒採用領域のゼネラルマネージャー、旅行部門の責任者などを歴任された、マネジメントのプロです。現在は日本全国で地域の観光人材育成をサポートされています。

ＳＭＯ南小国設立の検討が始まって以来、このＣＯＯに誰が就くべきか、長く議論が続けられてきました。そのなかでＣＯＯは地元南小国の人がよいのではないか、という意見が根強くあり、私たちも同様の考えでした。

しかし、地元でＣＯＯを担える人は見つかりません。ＳＭＯ南小国には、きよらカァサ

CCCメディアハウスの新刊

旅と料理

台湾・中国・韓国・インド……、フィガロJPとフィガロ本誌連載で綴られた、料理家・細川亜衣の原点ともいえる、旅から生まれる料理のこと。レシピのない家庭料理や食堂の味を舌と記憶にとどめ、台所でよみがえらせる一皿に隠されたストーリー。料理とレシピ、そしてエッセイを美しい写真とともにまとめた1冊。

細川亜衣 著　●本体1700円／ISBN 978-4-484-21204-3

南小国町の奇跡
稼げる町になるために大切なこと

地域が「変わりたい」と思えば奇跡は起きる！　万年赤字の物産館が1年で黒字転換、ふるさと納税寄付額は2年で750％増……。DMO設立準備期から3年間、熊本県南小国町に伴走してきた著者が明かす、町の魅力を「みつける」「みがく」「つなぐ」、南小国モデルとは。

柳原秀哉 著　●本体1500円／ISBN978-4-484-21203-6

トロント最高の医師が教える
世界最強のファスティング

ファスティングとは単なるダイエットではない。ホルモンの働きを整えることで、ベストコンディションを作り上げること。脳の機能、精神面の安定、また糖尿病や心臓病など病気の予防にも有効。読んですぐに実践できる、ファスティングの決定版！

ジェイソン・ファン、イヴ・メイヤー、メーガン・ラモス 著／多賀谷正子 訳
●本体1600円／ISBN 978-4-484-21105-3

復活！日英同盟　インド太平洋時代の幕開け

英国国家安全保障戦略が示した「日本は戦略的なパートナー」、新型空母「クイーン・エリザベス」「プリンス・オブ・ウェールズ」のアジア展開、活発になってきた自衛隊と英国軍の共同軍事演習……日英同盟構築への準備は、すでに始まっている。歴史的な同盟復活への動きと今後の課題、展望について、安全保障の専門家がわかりやすく解説する。

秋元千明 著　●本体1600円／ISBN 978-4-484-21207-4

※定価には別途税が加算されます。

CCCメディアハウス　〒141-8205 品川区上大崎3-1-1　☎03(5436)5721
http://books.cccmh.co.jp　/cccmh.books　@cccmh_books

CCCメディアハウスの新刊

起業家精神のルーツ CHUTZPAH《フツパ》

イスラエル流“やり抜く力”の源を探る

起業家マインドを身につけることは可能か？　イスラエルはなぜ「スタートアップ国家」として成功しているのか？　軍のエリート諜報部隊出身、自身起業家で3人の男子の母親でもある著者が、同国で幼少の頃から養われる「フツパ精神」とその育て方について語る。

インバル・アリエリ 著／前田恵理 訳　●本体1800円／ISBN 978-4-484-21104-6

じいじ、最期まで看るからね

育児と介護のダブルケア奮闘記

「どうして、私がやらなければならないの？」「いつまで続くの？」「なんで、あの親がこうなってしまったんだろう……」介護は誰もが通ると思われる、ライフステージのひとつ。もちろん大変なこともあるけれど、それだけじゃない。16年目の介護生活から見えてきたこと、家族のありかたを綴ったエッセイ。

高橋里華 著　●本体1400円／ISBN 978-4-484-21209-8

春画にハマりまして。

わたし、OL。推しは、絵師――美術蒐集はお金持ちだけの特権ではない。美大に通っていたわけでも、古典や日本史が好きだったわけでもない「わたし」が身の丈に合った春画の愉しみ方をユーモアたっぷりに伝える。自分なりの視点で作品を愛で、調べ、作品を応用して遊びつくす知的冒険エッセイ。個人所蔵の珍しい春画も多数掲載。

春画ール 著　●本体1500円／ISBN 978-4-484-21206-7

サッカーがもっとうまくなる!

自分の武器の見つけ方

ドリブル動画総再生回数3億回越えのドリブルデザイナー・岡部将和の勝つための思考法が1冊に！　マンガでスラスラ読めて、想像力、判断力、自立心も育つ！　足の速さ、体格差、監督の評価、チームワークづくりなど、サッカーにおける悩みの乗り越え方を、技術面、練習法、考え方から多角的に紹介。チャレンジする心を養い、夢をかなえる力が身につく！

岡部将和 著　●本体1300円／ISBN 978-4-484-21210-4

※定価には別途税が加算されます。

CCCメディアハウス 〒141-8205 品川区上大崎3-1-1 ☎03(5436)5721

http://books.cccmh.co.jp　/cccmh.books　@cccmh_books

の赤字体質改善という大仕事があります。地元の痛みをともなう仕事を、本当に南小国の人が遂行できるのか。そうした懸念もあったのです。

さまざまな議論を経た結果、1年間の契約でCOOを北岡さんにお願いすることになりました。町は北岡さんのいらっしゃるあいだに南小国町在住の適任者を見つける、あるいは育成することをめざしていこうと考えたのです。

ここからは、第3章で説明した「SMO南小国の3本の矢戦略」の成果のなかでも、とりわけ大きな成果、南小国町らしい成果を挙げた取り組みについて紹介していきましょう。

[「株式会社SMO南小国」の組織図（2018年10月）]

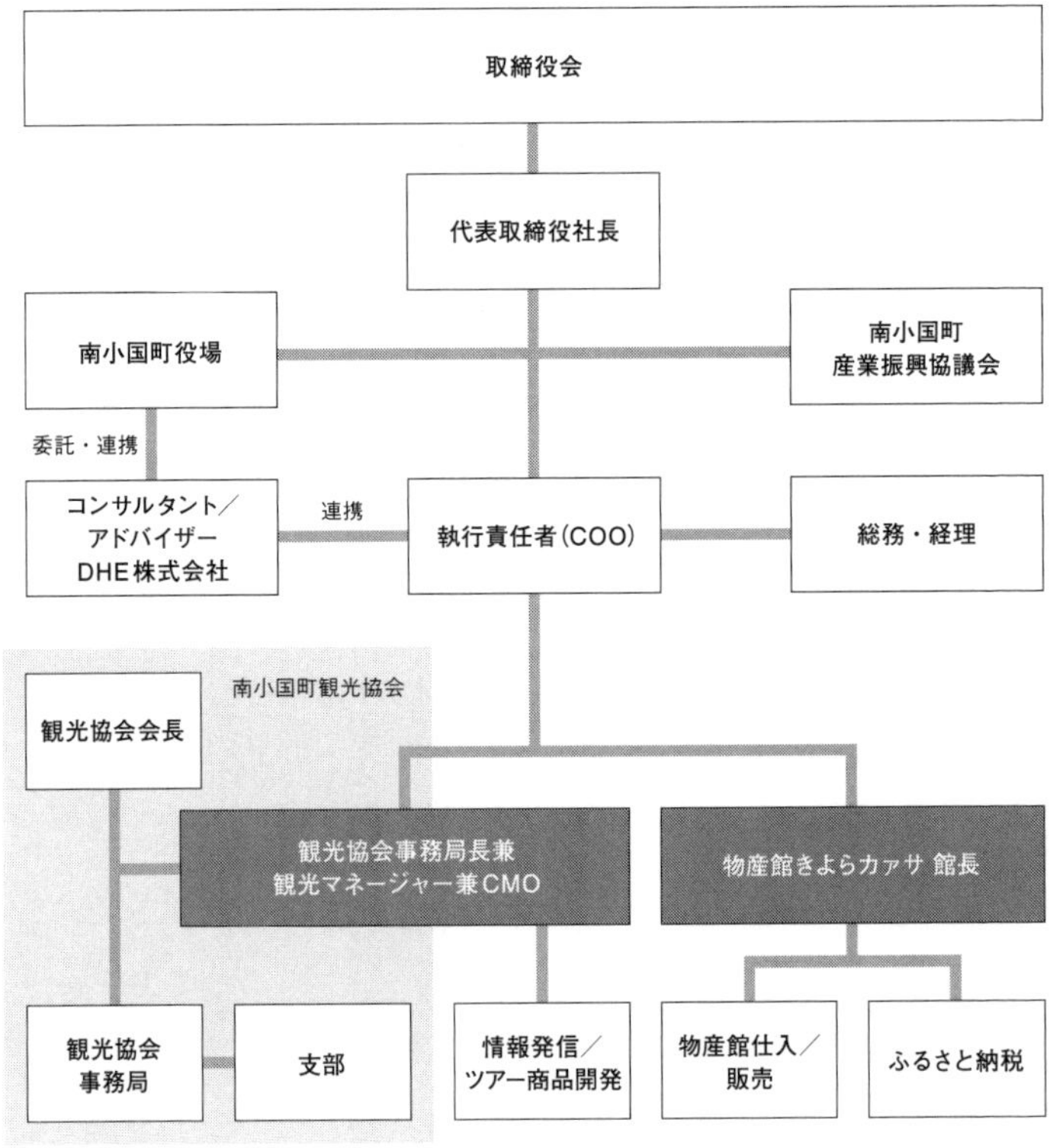

【第1の矢】の成果

物産館は初年度から黒字化。V字回復に成功

ＳＭＯ南小国の事業戦略「第１の矢」では、事業の選択と集中を目的としていました。融合した観光協会と物産館きよらカァサの事業を見直す。ムダなコストを削減し、赤字を解消する。そのためには、つぶれかけの会社を立て直すときのような思い切ったマネジメントが必要です。

「第１の矢」が成功すれば、「第２の矢」「第３の矢」の実行にも弾みがつきます。ここが成功するかどうかは、ＳＭＯ南小国が成功するかどうかの試金石にもなります。絶対に成功させなければならないと私は考えました。

結論から言うと、ＣＯＯの北岡さんは持てる力を存分に発揮してくださいました。北岡さんは福岡在住のため、南小国町に来るのは週２日か３日。それでも１年間の契約期間のあいだに「第１の矢」を着実に遂行し、ＳＭＯ南小国のその後の活動のための地ならしをしてくださったのです。

北岡さんの業務を一言でいえば、ＳＭＯ南小国が機能するための土台づくりです。観光協会ときよらカァサがＳＭＯ南小国として機能するように、組織も人も見直すことでした。

もっとも大変だったのは、きよらカァサのレストラン部門の改革です。ＳＭＯ南小国の取締役会の決議によって、２０１８年12月にレストランはいったん閉鎖。スタッフの配置転換やシフトの最適化がおこなわれました。北岡さんは粘り強くスタッフとの個別ミーティングを重ねながら、ＳＭＯ南小国の取締役会が決議した戦略を進めていきました。

ただ、マネジメントのプロである北岡さんの手腕をもってしても、スタッフからの反発はありました。スタッフの不満が町議会議員のもとに届き、町議から「レストラン部門は公共サービスとして継続するべき」とＳＭＯ南小国に対して注文がついたこともあります。

しかし、あるべき姿を設定した今、きよらカァサが赤字を出し続け、町の予算から損失補填を受け続けてよい理由はどこにもありません。ＳＭＯ南小国はきよらカァサの赤字を解消し、自分たちの雇用を維持する稼ぎを出し、町全体で稼ぐための事業も回していかなければならないのです。赤字を解消して、ＳＭＯ南小国として利益を出すことは避けて通れないことです。北岡さんはそのための憎まれ役をつとめてくださいました。この仕事は、とても地元の人にはできなかったと思います。

北岡さんは、スタッフの給与を10％上げる決断にも踏みきりました。これはスタッフのやる気を引き出すのに絶大な効果を発揮しました。目標を達成するためにイベントを発案したり、店内ポップやディスプレイの工夫をしたりと、スタッフは自分で考えて動くようになったのです。接遇の改善もされてあいさつもあちこちから聞こえるようになり、照明を変えていないのに、住民から「館内が明るくなったね」と言われるまでになりました。

北岡さんのもとで経営改善に成功したきよらカァサは、２０１８年以降、黒字を継続しています。経営が健全化したことから、２０２０年3月には二度目の給与アップも実現しました。

数々の改革を成し遂げて北岡さんが退任されるときには、町のあちこちで送別会が開かれました。ＳＭＯ南小国立ち上げ当初に聞こえてきた不平不満も、きよらカァサのV字回復という圧倒的な結果の前に、いつしか消えていました。

「第1の矢」を着実に遂行できたことで、ＳＭＯ南小国の取締役会は町を経営する覚悟ができたように私は感じました。そもそも、町長をはじめとする取締役は会社経営の経験を持つ方々ばかりです。きよらカァサの数字を見て、経営者としての危機感を感じたからこそ、住民の痛みをともなう「第1の矢」を承認されたのだと思います。取締役会の決議がなければ、北岡さんも力を発揮することはできなかった。その意味で、髙橋町長をはじめとする地元の人間で構成された取締役会の果たした役割は非常に大きかったと私は思っています。

観光地域づくりにおいて、町は不得意なところに関しては「よそ者」の力を借りました。ただ、最終的には地元の人が改革を決断し、それにともなう変化を受け入れる覚悟があるかどうか。観光地域づくりの成功は、それに尽きるのです。

南小国町商工会長としてＤＭＯ設立検討委員会・設立準備委員会の副委員長をつとめたＳＭＯ南小国取締役の井上幸一さんは、この「第1の矢」を承認したときのことをこう振り返ります。

ＳＭＯ南小国の設立検討委員会、設立準備委員会のときから、委員はみんな真剣でした。この機会に変えていかないと、南小国町が今後生まれ変わる機会はないかもしれないと、全員で危機感を共有できていたからだと思います。

きよらカァサの立て直しにあたっては、経営陣のひとりとして難しく厳しい意思決定を迫られました。それを成し遂げられたのは、最初に町の「あるべき姿」を設定して、「町が良くなるように現状を変えていこう」と意思決定者全員で「目線合わせ」

ができていたから。このことが大きいと思います。

（南小国町商工会長、ＳＭＯ南小国取締役、委員会メンバー　井上幸一さん）

ＤＭＯ設立検討委員会と設立準備委員会の委員をつとめ、現在はＳＭＯ南小国の監査役である下城博志さんは、こう語ります。

株式会社きよらカァサでは、物産事業以外の付帯事業も運営していました。きよらカァサが観光協会と一体となり、ＳＭＯ南小国に生まれ変わるからには、これらの事業は必要ないという判断になり、事業の切り離しを決議しました。既存の事業を整理するなど、町の人間だけでは考えられない意思決定だったと思います。

しかし、そのおかげでＳＭＯ南小国は稼げる組織になれました。ＳＭＯ南小国の代表取締役社長である髙橋町長のリーダーシップにもとづき、町外の方の知恵や力を取り入れたことで、ようやく地域全体で稼げるようになってきたと感じています。

（南小国町出荷者協議会会長、ＳＭＯ南小国監査役、委員会メンバー　下城博志さん）

［ 南小国町総合物産館「きよらカァサ」の売上高・顧客数の推移 ］

SMO南小国取締役会のメンバー

【第2の矢】の成果

ふるさと納税寄付額の大幅アップ

「第1の矢」とともに走らせていた「第2の矢」は、稼ぐエンジンを回すための戦略です。その鍵となるのがふるさと納税です。SMO南小国がふるさと納税業務を町から委託し、業務委託費は町内に残すことができるようになりました。

もっとも大きな成果は、寄付額の大幅アップです。その立役者がSMO南小国の設立前、きよらカァサの館長として苦労されていた小池真史さんでした。

彼は館長だったころからふるさと納税の可能性に着目しており、もっと力を入れるべきだと考えていました。しかし、日々の業務に追われて構想を実現するには至っていなかったのです。

きよらカァサの館長だったころ、店舗でお客さんを待っているだけでは南小国町のいいものを知ってもらうには限界があると思っていました。そのころも南小国町ではふるさと納税をしていましたが、寄付額はそれほど多くはありませんでした。返礼品の品揃えを充実させて情報発信にも力を入れれば、町のいいものをもっと町外の人たちに知ってもらうことができるのではないか。そう考えていました。

ただ、当時は日々の業務に追われていて、周りを巻き込んで同じ目標を共有する余裕はなかったですね。スタッフのマネジメントの方向性を見出すこともできず、一人で悩んでいました。

（SMO南小国ふるさと納税部マネージャー　小池真史さん）

小池さんはSMO南小国の設立後、きよらカァサの館長職から離れて、SMO南小国のふるさと納税部門の専任スタッフとなりました。前職で自然食を取り扱うECショップ運営に携わっていたキャリアを生かし、返礼品の目利きをして品揃えを充実させていきました。他の自治体の人気返礼品の傾向を分析して、肉が人気を集めているとわかると、熊本の県産品である馬肉やあか牛の返礼品を強化。きよらカァサや町中で積極的に住民と立ち話をして、その情報をもとにした新しい返礼品の開拓もしました。そうして2019年5月末時点で156点だった返礼品を、2020年3月には250点にまで増やしたのです。

小池さんは前職で旅行営業をしていた経験も生かして、ふるさと納税サイトに掲載する文章や画像の見直しも進めました。小池さんをはじめとするＳＭＯ南小国のスタッフが取材をして、商品の特徴や生産者の思いが的確に伝わる情報発信をするようになりました。

結果は目覚ましいものでした。２０１７年度に約１億円だった南小国町の寄付額は、２０１８年度に約１億７千万円、２０１９年度に約７億４千万円へと大幅にアップしたのです。

この伸びはＳＭＯ南小国としても想定外でした。ふるさと納税の申し込みが殺到する年末はＳＭＯ南小国のスタッフを総動員して、夜遅くまで事務作業や発送作業にあたったほどです。

ＳＭＯ南小国のふるさと納税事業は、まさに「町全体で稼ぐ」を体現する事業となりました。南小国町のすぐれた地場産品を発掘し、それを磨き上げて情報発信することで経済効果を生み出すことに成功しています。利益は町内のさまざまなところに投資され、さらに商品を磨き上げたり、町外から人を呼んだりすることにつながっています。ふるさと納税をエンジンとして、少しずつ地域経済循環が回り始めているのです。

南小国町のふるさと納税寄付額は飛躍的な伸びをみせましたが、小池さんは今、その先を見据えています。

きよらカァサがＳＭＯ南小国の一部門として再出発したことは、南小国町の転機になったと思いますが、私にとっても転機となりました。きよらカァサの館長を離れて「ふるさと納税に注力したい」というかねてからの構想を実行する立場となり、ＳＭＯ南小国の財政基盤を整えることに貢献することもできた。とてもうれしく思っています。

今後は、町のあり方や政策に心から共感した結果としての寄付をもっと増やす工夫をしていきたいと考えています。現在、「自治体におまかせ」一択となっている寄付の使途を、たとえば「子育て」「福祉」「農業」のように限定して複数用意するのです。そのほうが、自治体を応援するというふるさと納税の本質により近づきますし、リピーターも増えていくと思っています。ふるさと納税額やその使途を通して、町外の方が南小国町に求めているものがわかる効果もあるのではないかと考えています。

いただいた寄付が第一次産業への投資に回ることも期待しています。今はコロナ禍の影響もあって、返礼品をつくっている事業者は大きな負担を背負っています。寄付額を投資に回すことによって町内の会社が新商品の開発をしやすくなれば、南小国町の事業者による返礼品の比率を上げることにもつながります。そうなると、さらに地域に利益が残り、地域経済が潤う。そういう循環ができていくといいなと思っています。

（小池真史さん）

[南小国町のふるさと納税寄付額の推移]

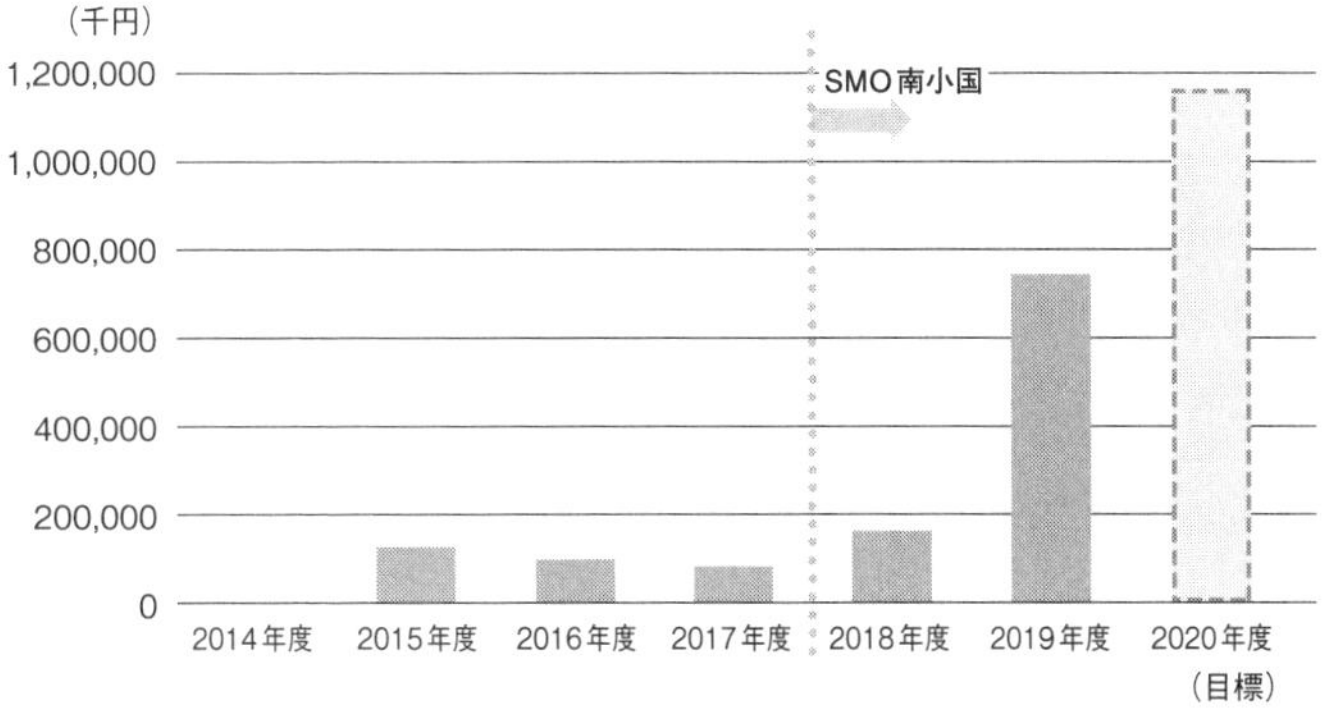

小池真史さん

「第2の矢」では、オリジナル観光商品の販売にも力を入れました。2019年には1枚3000円の南小国ドローン手形を200枚以上販売。観光協会に出向している大手旅行会社スタッフのマーケティング活動が実を結び、ドローン手形の売れ行きは堅調です。彼の活動のおかげできよらカァサへの大型バス誘致にも成功し、地場産品の売上に大きく貢献しています。

町内外の人をつなぐ未来づくり事業を開始

南小国町と阿蘇エリアの未来をつくる挑戦を育む未来づくり事業も、2019年から本格的に始まりました。南小国町の「上質な里山」の暮らしを守り、次世代に引き継いでいくための人材育成プログラムの実施、プロジェクト支援に取り組んでいます。

2019年5月にはその活動拠点として、コワーキングスペース「未来づくり拠点MOG（モグ）」が開設されました。南小国町の内外から人が訪れ、ここで仕事をしたり、スタッフや利用者とアイデアを交換したり。起業や事業についての相談もできます。

未来づくり事業の主な取り組みは、「起業塾」と「〇〇戦略会議」の実施です。「起業塾」は、町内での起業や就労をめざす町外の人と住民とをつなぐ合宿形式のプログラムです。南小国町での起業を希望する人は、未来づくり事業部のコーディネーターとともに、現地の見学やヒアリングに取り組みます。「地域パートナー」と呼ばれる各産業で活躍する住民の力も借りながら、自分のできること、やりたいこと、町の資源、町の課題やニーズを掛け合わせてミッションを決め、事業計画をつくります。最後に住民に向けて発表して意見をもらい、ミッションをさらに磨き上げていきます。

起業塾は「起業型地域おこし協力隊」の選考も兼ねています。希望者は起業塾の修了後、隊員の選考に参加することができます。隊員として委嘱されると、町の支援を受けながら南小国町に移住し、最大3年をかけてミッションの実現に取り組むことができます。未来

コワーキングスペース「未来づくり拠点MOG」

起業塾（2020年12月開催）

起業型地域おこし協力隊員希望者との面談風景

づくり事業では、この起業型地域おこし協力隊が町で活動をしていくためのマネジメントもしています。

起業塾を経て、起業型地域おこし協力隊を委嘱された人の例を一つ紹介しましょう。

木工家具職人の當房こず枝さんは、起業塾に参加したことがきっかけで、黒川温泉で人気の入湯手形の製造に大きな課題が眠っているのを見つけました。

入湯手形は1986年の発売以来、累計300万枚以上を販売している木製の手形です。南小国町の小国杉の間伐材で作られています。現在、この手形を作れる木工職人はたった一人。この手形をひび割れなく作るのには高度な加工技術が必要であることに、木工職人のキャリアを持つ當房さんが気づいたのです。入湯手形にこのような課題があることを住民は知りませんでした。起業塾をきっかけに、町の課題が顕在化したのです。

當房さんは、自分を含めた複数人で加工技術を共有して、チームで承継することを提案。技術を絶やすことなく、入湯手形を存続させるめどが立ちました。

起業塾に参加した人が、必ずしも起業型地域おこし協力隊員になる必要はありません。ただ、彼らが移住をしてもしなくても、起業塾は町外の人が町と関わり続けるきっかけになります。

地方には担い手がいない、後継者がいないとはよく言われることです。しかし、人に来てもらうには仕事が必要です。

未来づくり事業は、移住を希望する人の仕事を未来づくり事業部や町の人たちとともにつくりあげるところに特徴があります。しかもその仕事は、南小国町の課題解決に役立つようなものなのです。

「〇〇戦略会議」は起業や新規事業に挑戦したい住民をサポートする取り組みです。町内の課題を住民で共有し、課題解決を進めていく場としても活用されています。

〇〇戦略会議をきっかけにして進んでいる取り組みは、すでにいくつもあります。ここでは熊本の特産品として有名な「あか牛」に関連する取り組みを紹介しましょう。

あか牛は、適度な脂肪分を含む赤身肉の多い、褐色の毛色をした和牛です。肥育しても卸業者や精肉店を通して販売すると税金や手数料を引かれ、畜産農家の手元にはあまり利益が残りません。担い手不足の問題もあって、南小国町であか牛を生産する農家は年々減っています。

現在、〇〇戦略会議をきっかけに「あか牛販売会」という取り組みが進められています。畜産農家が卸業者や精肉店を通さずに、あか牛の肉を売れるような仕組みをつくろうとしているのです。未来づくり事業部のコーディネーターの協力のもと、どこでどのように売るか、どれくらいの利益が出ればビジネスとして成り立つかの実証試験をしています。

地方移住の意志がある人は、自分で事業を磨き、人とのつながりを一からつくっていくことがほとんどだと思います。しかし南小国町には、未来づくり事業部が窓口となって、住民との交渉や合意形成を助けながら伴走してくれる仕組みがある。地方への移住を考える人には、じつにありがたいシステムではないでしょうか。

起業や課題解決という具体的な目的をもって移住できるのも南小国町の魅力でしょう。未来づくり事業では、空き家に住む人を募集するような移住者の集め方はしません。起業塾も○○戦略会議も、課題とミッションを持っている人を集めて伴走する仕組みですから、おたがいにミスマッチが非常に少ないと感じます。

起業塾や○○戦略会議以外にも、未来づくり事業ではさまざまな取り組みがおこなわれています。たとえば、町内外の希望者がMOGに一人一品の食べ物を持ち寄り、ランチをしながら気軽に情報交換をする不定期開催の「MOGMOG DAY」。ここでの出会いをきっかけに、豪雨被害を受けたキャンプ場のクラウドファンディングが立ち上がったこともありました。

ＭＯＧは、ガイドツアー担当のワル・マックスさんが中心となり、南小国町在住の外国人コミュニティづくりの場としても活用されています。南小国には、外国籍の人が１００人ほどおり、黒川温泉で働く外国人も増えています。しかし、そのほとんどは住民との交流がなく、住民もそれほど多くの外国人が町で働いていることを知りません。

南小国町で働く外国人の多くは友人があまりおらず、家と職場の往復だけになっています。この状況をもったいないと感じたマックスさんは、インターナショナルランチ会を開催しています。町内に友人が増えればおしゃべりできたり、困りごとを相談したりできますし、南小国町のことにもくわしくなれます。彼らがいつか引っ越したり、母国に帰ったりしても、南小国町にいい印象を持ってくれていたら、それが関係人口や交流人口の増加につながる可能性もあります。

「南小国町には地域資源がたくさんあります。観光業や農業、林業といった担い手不足の産業は多い。外国人かどうかにかかわらず、移住者にとって暮らしやすい場所にしていけば、町はもっといい循環が回っていくと思います」とマックスさんは言います。

町内で農業と畜産業に従事する佐藤勝明さんは、未来づくり事業の取り組みやMOGの役割を高く評価しています。佐藤さんは、南小国版DMO設立検討委員会と設立準備委員会のメンバーとして、町やSMO南小国がどうあるべきか、忌憚のない意見をくださったお一人です。

佐藤さんは、私が南小国町で仕事をしてきたなかでもとりわけ印象的な方です。DMO設立の検討が始まったとき、こんなことをおっしゃっていました。

「今までまちづくりのための会合やワークショップに何度も参加してきたけれども、それによって町が変わったためしがない」。今、佐藤さんの目にはSMO南小国やその取り組みはどう映っているのでしょうか。

設立準備委員会を最後に、もうまちづくりの会合に出るのは終わりにしようと考えていました。これまで、さまざまなまちづくり系の会合に出席してきて町のめざしたい方向性はわかっていたので、今後は本業の農業や畜産で貢献していけばいいかなと思ったのです。

第一次産業の担い手が少ない、若者がいない、黒川温泉以外で稼げていないといった課題はもちろん認識しており、なんとかしたいと長年思っていました。ただ、自分もほかの人も本業がある。町の困りごとを人と人とをつないで解決するような動きはとてもできない。役場も忙しくて、人と人をつないだり、町外の人の面倒まで見ることは難しい。こうすれば町はよくなる、という方向性は見えていたけれども、実現するのは難しいなと感じていました。

柳原さんたちDHEさんが初めて聞き取りに来たとき、「まちづくりをするなら最後まで責任を持ってしてほしい」と話したのは覚えています。これまで来ていたコンサルティング会社の人たちは、知恵は出すけれども伴走はしない人たちだった。これは僕ら、町の人間も悪いと思います。でも、柳原さんたちは最後まで付き合ってくれた。だから、できることは協力したいと思ってきました。

今はきよらカァサの赤字が解消し、SMO南小国が情報発信機能やハブ機能を担ってくれているので、以前よりはまちづくりがうまく進んでいると感じています。なかでも、MOGには非常に期待しています。MOGこそがSMO南小国のいちばんの成功事例ではないかと思っているぐらいです。

いつ立ち寄っても、ここには僕の知らない若い人がいます。町に興味を持ってくれる人がこんなにいることに驚きますね。これまで、自分の周りには高齢のおじいちゃん、おばあちゃんしかいなかった。町で若い人を見かけることがありませんでしたから。

ＭＯＧは「町の玄関」だと思います。移住したい、町と関わりたいという人と町をつなぎ、サポートしてくれる場になっている。町内の意見や困りごともすくい上げて、人や組織をつないで解決していくような場になるといいなと期待しています。

ＳＭＯ南小国がどんな組織なのか、まだわかっていない住民もいます。成果はもっとアピールすべきですよ。

（若手農業団体「百姓いっき」代表、委員会メンバー　佐藤勝明さん）

佐藤さんが絶賛するＭＯＧと未来づくり事業部を統括しているのは、２０１９年４月に東京から南小国町へ移住した、安部千尋さんです。

安部さんは東京都出身。東京で公務員として働いたのち、社会事業コーディネーターとして地方創生の仕事に携わっていました。２０１８年に南小国町と東京でイベントを主催したことがきっかけで、移住を考えるようになったと言います。

その時、東京の関係人口の方々に南小国町の「今」を紹介するイベントを企画する機会をいただいて、プロボノで運営しました。そのイベントには髙橋町長をはじめ、町の方々が何人も手弁当で来てくださって、参加者に南小国町の特産品をたくさんおみやげに付けてくださいました。このイベントを通じて町の人たちのエネルギーや温かさ、盛り上がっているまちづくりの気運にすっかり惚れ込んでしまいました。「私、南小国に住みたいかも」と思ってしまったのです。

このイベントのとき、役場の方から未来づくり事業のお話をうかがっていたので、後日、やってみたいアイデアを企画書にしたら、内容を気に入ってくださって。それがきっかけとなってSMO南小国で働くことになりました。

じつは、夫も前職で地方創生の仕事をしていて、私より先に南小国のファンになっていましたし、町のことについてもくわしかった。彼はリモートでできる仕事をしていて定期収入がありましたので、私が移住のことを相談したところ「いいんじゃない」という返事でした。子どもがいるため、いろいろと考えましたが、最終的には家族で移住することを決断しました。（SMO南小国未来づくり事業部部長　安部千尋さん）

安部さんは移住後、未来づくり事業部の部長に就任。MOGの立ち上げを皮切りに、事業全体の企画や設計、予算管理を担当することになりました。

そんなとき、安部さんを悩ませることが起こりました。夫の浩二さんに、SMO南小国のCOOにならないかという打診があったのです。ちょうど、SMO南小国が初代COO

の北岡さんの後任を探している時期でした。

はじめは反対しました。東京から夫婦で来て、半年でSMO南小国の要職に就くのは早いのではないかと思ったのです。夫は移住後、自分にできることがあれば、なにか町の力になりたいとは言っていましたが、そんな彼でも即答はできなかったようです。ただ、最終的には私も就任に賛成しました。

SMO南小国の事業、とくに未来づくり事業は、成果が見えるかたちになるまで時間がかかるものが多い。成果が出るまでは、なにも生み出さない、コストばかりかかる部門にしか見えないかもしれません。

夫なら地方創生の仕事をしていましたし、人をつくり、生業をつくっていく未来づくり事業の重要性を理解しています。そういう人がSMO南小国のCOOになったほうが、町のためにも自分のためにもいいのではないか、と思うようになったのです。

（安部千尋さん）

佐藤さんは、移住者の安部千尋さんと浩二さんのご夫婦がSMO南小国の運営を担う存在であることについてこう言います。

この町の出身であるかどうかは関係ないです。それよりも、この仕事を得意な人が担ってくれればいいと思っています。

最初、安部さんたちが移住してくると聞いたときはうれしかったのですが、町でなにをするのかな、仕事があればいいけど……と心配していました。なんの計画もなしに来て、困る人を何人も見ていましたから。でも、SMO南小国で働くと聞いてホッとしました。

僕は東京でのイベントで安部さんたちのことを知っていたから、彼らがSMO南小国で力を発揮してくれることについてはむしろ安心感がありますし、ありがたいと思っています。

（佐藤勝明さん）

佐藤勝明さんと安部千尋さん

安部さんは今、未来づくり事業に携わる醍醐味について、こう話してくれました。

未来づくり事業部のコーディネーターのみんなと、「誰と誰がつながるとよさそう」「こんなことに挑戦してみたい」という話を、しっかりプロジェクトにして動かしていく。それが私たちの役割です。

未来づくり事業に携わる醍醐味は、自分の想像していた以上におもしろいものができ上がっていくこと。自分ひとりでできることには限界があるけれども、人と人がつながると、思いもよらないすごい価値が生まれます。その現場を目のあたりにするのが好きで、この仕事に取り組んでいます。起業塾でも○○戦略会議でも、参加・協力してくれる町の人たちがみんな、本当に格好いいのです。

今後は「起業塾」という名称を変えることを考えています。「起業」という言葉でイメージするものは人によって大きく異なります。未来づくり事業における「起業」は「生業づくり」のような意味ですし、起業は手段であって目的ではありません。そういうことを名称からも伝えられたら、と思っています。

南小国町でなにかを始めたい人は、住民でも外の人であっても、未来づくり事業部やMOGをうまくつかってもらえたらうれしいですね。伴走してほしいという人がいたら伴走しますが、「自分でできそう」という人には伴走しなくてもいいと思っています。すべてのプロジェクトを一から十までサポートするのではなく、サポートしたりしなかったり、いろいろな関係を小さくたくさん持つのが南小国町の未来づくりのスタイル。そのほうが町の人たちと自律的で健全な関係を築けるのではないかと思っています。

（安部千尋さん）

【第3の矢】の成果

インバウンド向けガイドツアーの開発

南小国町ならではのキラーコンテンツの売り出しを考えていた「第3の矢」。2020年度以降に実行を予定していた戦略でしたが、コロナ禍によって予定を変更せざるを得ないものもありました。しかし、コロナ後を見据えて英米豪のインバウンド向け観光商品の磨き上げは継続しています。きよらカァサを中心とした新たな取り組みも始まりました。

「第3の矢」の目玉は、インバウンド向けのガイドツアーの開発・販売です。ツアーの開発を担当するのはＤＨＥ社員で、現在はＳＭＯ南小国に出向しているスウェーデン出身のワル・マックスさん。彼は南小国町の農業や林業、民泊事業に携わる住民の協力を得て、上質な里山を体験するインバウンド向けガイドツアー「Satoyama Journey」を開発しました。

マックスさんのツアーの特徴は、彼が通訳をするため、日本語を話せない外国人が楽しめること。また、里山の環境が農業や林業の人たちの営みによってつくられ、維持されていることを、サイクリングや農業・林業体験といったアクティビティを通じて理解できる点です。ただ観光資源を見物して回る物見遊山ではなく、実際の体験や町の人との交流を重視しているのです。

「美しい景観や暮らしは観光資源に資する」をかたちにして、町全体で稼いでいくことを、マックスさんのツアーは体現しています。

「Satoyama Journey」のターゲットは、日本を気に入って何度も来ている外国人です。日本にすでに何度も来ていて、飾らない日本の姿、日本の本質にふれたいと思っている人、もっとディープな旅をしたい人たちがいます。そういう人たちはガイドブックに載っていないところ、地元の人しか知らないようなところに行きたいと思っているのです。

私のツアーでふだんの暮らしとはまったく異なる日本の暮らしや価値観にふれてほしいですね。それによって自分のなかに変革が起きたり、このツアーが成長のカギになったりしたらうれしいです。

「Satoyama Journey」は、ただ見て回るツアーではありません。積極的に参加できるような内容を意識しています。私としては、南小国の友達を別の友達に紹介しているような雰囲気をめざしたい。「お客様」と「サービスを提供する側」の関係を崩そうとしています。

私のつくる日帰りツアーは、内容にもよりますが、13500円〜34000円という価格帯です。日本語を話せない外国人観光客にとっては、ひとりではなかなか行きにくい日本の田舎に行けて、通訳のできるガイドを通していろいろな人と話せるメリットがあります。高付加価値なツアーですから、ターゲットの英米豪の人たちには適切な価格だと認識してもらえています。

地元の人たちには農業や林業といった本業があり、それを休んでまでツアーに協力してくれています。みんなにしっかり還元する意味もあり、この価格にしています。「ああ、協力してよかった」と思ってもらえる対価は支払いたいですね。

ツアーに協力してくれる人たちは、町の仲間としてふだんから付き合いのある人たちばかりです。仕事で用事のあるときだけ連絡するのではなく、遊びに行ったり、なにかあるときはお手伝いをしたりしています。そういう雰囲気は、ガイドツアーでも参加者に伝わります。「南小国の友達を別の友達に紹介しているような雰囲気」をめざすなら、個人的に関係を結んでおくことが欠かせません。

みなさん、スウェーデンから来た私のような人間が町に移住してきて、町のためにいろんなことをしようとしているから手伝わないと、と思ってくださっている。そんなやさしい気持ちがあることを感じます。外国人が自分たちの飾らない暮らしに感動してくれると、自分たちの里山暮らしのすばらしさを再確認できるようで、それもツアーに協力してくださる理由だと思います。

今回は日帰りツアーをつくりましたが、今後はエリアを阿蘇にまで広げて、滞在時間を3泊4日ぐらいに延ばしたツアーもつくっていきたいですね。私は以前、ローカル線で九州を旅したことがあります。南小国町も含めて、九州の田舎には「昔の日本の姿」が残っている。人は陽気でフレンドリー。日本語を話せると、思いもよらない場所を教えてくれることもある。冒険のような旅ができる場所だと感じます。

ボランティアのような旅のスタイルもいつか提案してみたいと考えています。母国のスウェーデンでは高いお金を払って、宿も食事も提供される短期間の住み込みのようなかたちでボランティアをする旅が一般的になっている。そういうことがここでもできるのではないかと思うのです。重労働で苦労している年配の農家さんがたくさんいらっしゃいますから、農家さんと農業体験に関心がある人を地元の人たちとつなげていけたらと思います。（SMO南小国観光部インバウンド担当スタッフ　ワル・マックスさん）

マックスさんのツアーは南小国町の里山の暮らしや仕事の現場をめぐる内容です。町内で農家民泊とキャンプ場を経営している「吉原《よしわら》ごんべえ村」は、ツアーの立ち寄りスポットの一つ。そこを経営する佐藤幸治さんと法子さんは、次のような思いでツアーに協力してくださっています。

マックスはやさしいし、親しみやすいし、よく気がつく人。彼がこんなに一生懸命、南小国のために動いてくれるのだから、私もなにかしなきゃと思って、ツアーに協力しています。

ここを訪れた人には、収穫や調理の体験をしてもらっています。みんなで畑に行って、野菜を穫って、それで作る料理を決める。作るのは凝ったものじゃありません。

シンプルな郷土料理ばかりですよ。たとえば、里芋や大根、にんじん、こんにゃく、ごぼうにお醬油を入れて煮る芋汁。蕪が穫れたら、揚げも入れてサッと煮たりね。どれも昔から食べているようなものです。参加者には班に分かれてもらって、料理ごとに調理をしてもらいます。かまどでご飯を炊くのと、豆腐を作るのは主人が担当します。ご飯を蒸らしているあいだに主人が子どもをポニーに乗せたり、軽トラでキャンプ場を案内したり。マッチを擦らせて焚き火の仕方を教えることもありますね。

ツアーで訪れる人たちには、方言を織り交ぜて、昔から知っている人のように話しかけます。そのほうが親しみを持ってもらえるだろうし、おもしろがってもらえるんじゃないかと思って。帰り際には「おばちゃんからおみやげをやるな（あげるね）」と言って、一つ方言を教えるようにしています。

（吉原ごんべえ村　佐藤法子さん）

もともと私は、牛を育てて、米や野菜を栽培する農家でした。子育てが一段落したころ、台風で木がなぎ倒された裏山をどうしようかと考えて、自分の楽しみとしてキャンプ場を始めることにしました。木を植えるのもいいけど、今度は「ここを活用して人間という木を育ててみよう」と思ったのです。そのうち牛小屋だった建物も改装して旅館業の資格を取り、農家民泊も始めました。

そうして20年近く南小国の山村を活性化させる活動をしてきて、この土地のすばらしさを自分なりに体感していた。そんなとき、マックスと出会った。

私がまだ農家であと10歳若かったら、仕事に忙しくてツアーに協力しなかったかもしれない。「そげなことしてられっか」と思ったかもしれませんが、今はこの土地のすばらしさを多くの人に伝えて楽しんでもらおうと活動している。こういうことが町を活性化させるのに絶対必要だと思っていたから、マックスのしていることと私の活動は一致していると思いました。それで、彼といっしょに前向きに南小国町を売り込んでいこうという気持ちになりました。

マックスは人柄がいい。外国人がここまで町のことを愛して考えてくれるのがおもしろいなと思うし、うれしいですよ。

（吉原ごんべえ村　佐藤幸治さん）

佐藤さんご夫妻は、SMO南小国ができてから、町で若い人を目にすることが増えたと感じています。

SMO南小国ができてから、入れ替わり立ち替わり若い人が訪ねてきたり、話しかけてきてくれたりするようになりましたね。町全体に「みんなで南小国町を有名にして、町のいいものを売っていこう」という雰囲気が生まれてきたように思います。

マックスがケーブルテレビに出て南小国町の紹介をしているから、SMO南小国の活動に対する周知は町の人たちに広がってきていると思う。彼に教えてもらうまで、私たちのふだんの生活や、ここでの体験がツアーとして価値があるとは全然思っていなかった。町の人たちの多くが「自分もこういうことを体験として提供してみたい」「私にもなにかできるんじゃないか」と考え始めたら、南小国町全体で生活を成り立たせていけるようになると思います。

（佐藤法子さん）

たしかに、町全体でも若い人が増えていると感じます。私は20年前から観光協会の会議に参加していますが、会議のたびに「観光と農業を一体化しないといけない」という話題は出ていました。でも、これがなかなか思うように実現しなかった。

今は社会全体で地産地消やグリーンツーリズムへの理解が進んできて、「ただ温泉に入っておいしいものを食べるだけが観光じゃない。自然と一体化することがこれからの観光だ」と南小国町でも認識が変わった。そのとき、農家の果たす役割は大きい。ここの空気と水と、人間のおもてなしが重要になると思います。今はまだ、農業と観光は一体化していませんが、これから農家でもお客さんを気軽に迎え入れる心も体制も町ぐるみでつくっていけたらいいなと思います。

（佐藤幸治さん）

ツアーに協力してくれる方々は、いわゆる観光業に従事している人ばかりではありません。彼らが、本業の手を休めてまでツアーに協力するのはなぜなのでしょうか。阿蘇森林組合の佐藤武弘さんは、ツアーに組み込む林業体験の提供に協力してくださいました。そこには南小国町の林業に対する危機感があります。

南小国町の林業のいちばんの課題は、後継者不足です。最大の要因は材価の下落。利益はかつての4分の1ほどになりました。間伐をして山を手入れすること

佐藤幸治さん・法子さん夫妻とワル・マックスさん

で生計が成り立っていた時代もありましたが、今は手元に戻ってくるものがほとんどない。

家を建てる人が減っているし、建てるとしても国産の木材をつかうわけじゃない。鑿《のみ》と鉋《かんな》をつかって木材を加工して家を建てられる人もずいぶん少なくなりました。だからみんな辞めていってしまいました。今は林業専業で仕事をしている人は数えるほどしかいません。

SMO南小国のような組織は絶対に町に必要だと、私は思っています。南小国町だけ見ていても「井の中の蛙大海を知らず」で、新しいものがなかなか生まれない。町全体がさまざまな刺激を取り込んで仕事を生み出すようにならないと。少なくとも、一度出て行った地元の若者が戻ってくるような環境に、まずしなければと思っています。子どもたちが小さいころから、小国杉がどのようにして育つのか、どのような用途があるのか、育つのに何十年もかかるけれどもそれがいつか自分のためにもなるということを教える「木育」をしておけばよかった、と今は思います。

マックスのツアーでは、黒川温泉の上の「すずめ地獄」という場所で木を倒して見せます。その丸太をチェーンソーひとつで何等分かにして、テーブルと椅子をつくってみせるのです。そこに座って、水源地の水でマックスがいれてくれたコーヒーを飲むということをしました。

ズドーンと大きな音を立てて木を倒して見せただけで、みんながあれほど喜ぶことにびっくりしました。「そんぐらいで喜ぶとや！」と新鮮でしたね。自分にとっての日常が、ほかの人にとっては非日常だということにはなかなか気づけません。そういうことは、マックスに教えてもらいました。

たしかにツアーを手伝うときは本業を休まなければならないけれども、このツアーに参加した人のなかから林業に興味がわいて、担い手になってくれる人が現れるかもしれないという期待を込めて手伝っています。

いくら「里山、里山」と言ったところで、林業を担う人がいないと里山も維持できません。農業は天候が悪くてその年の収穫がいまひとつでも、また次のシーズンがあります。林業は数十年の積み重ねをして初めて結果が出るものだから、早くなんとかしないと取り返しのつかないことになる。機会があれば誰とでも交流して、連携したい気持ちです。他産業や異分野の人と組むのに、私自身はまったく抵抗感はないですね。

コロナウイルスという厄介者が来たから、今は活発に活動できないのが残念です。町役場の庁舎の新築時に伐採した場所に、杉の苗を植えて育てるところをツアーにできないかなどと、考えてはいたのですが……。

林業だけでは生計を立てづらいので、農業と兼業にして移住の糸口をつくれないかと考えたこともあります。ただ移住をといっても難しいですから。林業を始めるための支援制度もありますが、いかんせん戻ってくる人自体が少ない状況です。

その「人」を増やすところで、SMO南小国といっしょに新しいことを始めてみたいですね。SMO南小国は人と人をつないでくれる組織だと思っています。観光にしても移住にしても、SMO南小国を窓口として一元化していったほうがいいと私は思っています。

（阿蘇森林組合事業部林産・共販・販売課長、委員会メンバー　佐藤武弘さん）

佐藤武弘さん

「Satoyama Journey」農園体験ツアーでの収穫風景（吉原ごんべえ村）

農園体験ツアーで料理をする外国人観光客（吉原ごんべえ村）

「Satoyama Journey」の林業ツアー

その場で切った丸太でテーブルと椅子をつくる

マックスさんの企画したガイドツアーは、コロナ前に、世界最大のアドベンチャートラベル団体、Adventure Travel Trade Associationの会長が実際に南小国町で体験し、高い評価を受けました。SMO南小国ではコロナ禍の終息を待って、ツアーの販売を本格的に進めていく予定です。

賄い弁当配食サービスで地産地消を推進

「第3の矢」では、黒川温泉の課題解決をめざして始めたことが、回り回って住民のためになった、という取り組みも生まれました。それが、黒川温泉の従業員向けの賄い弁当配食サービスです。

黒川温泉の一部の旅館では、従業員の賄いづくりが料理長や女将さんの大きな負担になっていました。その悩みを聞いたSMO南小国のスタッフは、きよらカァサの厨房を活用して賄い弁当をつくり、黒川温泉に配達することを提案したのです。

ちょうどSMO南小国では、黒川温泉で出される食事の地産地消の割合を高めることを戦略に掲げていました。きよらカァサに納入された食材をつかって賄い弁当をつくれば、地産地消を推進することにもつながります。

こうして2020年1月から、賄い弁当づくりをきよらカァサで開始しました。黒川温泉の4旅館に月600食を販売。その後、賄い弁当を活用する旅館は12旅館に増え、2020年11月現在、月1600食を販売しています。オフシーズンの12月~3月はきよらカァサのレストランを休業していましたが、これによって厨房で働く人の雇用を生み出すこともできました。

今、賄い弁当は黒川温泉の従業員だけでなく、きよらカァサ周辺の住民の食事としても購入されています。

賄い弁当づくりを開始した翌月、2020年2月27日、全国すべての小中高校に政府から臨時休校の要請が出され、子どもを持つ家庭は休校中の子どもたちの食事をどうするかという問題に直面しました。この解決に、賄い弁当が役立ったのです。

余分につくって並べたところ、地域の子どもたちの昼食として購入されるようになりました。また、地域の一人暮らしの高齢者の方、料理をすることが難しい方からも頼りにされるようになりました。材料はきよらカァサで販売している食材をつかうため、おかずのみ400円（税込）という低価格で販売することができています。

賄い弁当のメニューづくりは管理栄養士の資格を持つSMO南小国のスタッフが担当しています。黒川温泉の賄い弁当は地域の課題解決だけでなく、健康増進にも寄与しています。

黒川温泉への賄い弁当配食サービスの実現に尽力された、黒川温泉観光旅館協同組合の北里有紀さんにサービス開始の経緯を聞きました。北里さんはＤＭＯ設立検討委員会と設立準備委員会の委員もつとめてくださいました。

賄いづくりで困っているかどうか、どれくらい困っているかは旅館によってさまざまです。ただ一部の旅館では、賄いを担当している料理長や女将にとって大変な負担になっていました。

こうした賄いの問題を含めて、黒川温泉の困りごとを取りまとめてＳＭＯ南小国のスタッフと話をしたところ、きよらカァサのレストランの問題を解決するこ

北里有紀さん

とにもつながることに気づかれて。おたがいの困りごとを賄い弁当の取り組みで解決できそうだとわかったため、賄い配食サービスのトライアルを始めました。以前は、こういう具体的な動きにまでなかなか至りませんでしたが、SMO南小国ができてからは気軽に前向きなチャレンジができるようになったと感じます。

声の大きい人の意見は通りやすいですが、言ってもどうにもならないと思っている人の声も拾える仕組みができればいいなと思います。小さな声を細かく拾うことでビジネスが生まれたり、解決に導けたりするかもしれません。

SMO南小国の設立から関わっていますので、この組織は絶対に成功させないといけないという思いがあります。いろいろ言う人はいますが、進め方は違っても、南小国のいい未来につなげていきたいという思いは、町民みんな同じのはずです。

（黒川温泉観光旅館協同組合元組合長・理事、委員会メンバー　北里有紀さん）

地場産品「どぶろく」の存続

きよらカァサは南小国町ならではの商品を守る役割も果たしています。それが「どぶろく」の存続です。

じつは南小国町のある熊本県阿蘇郡は、国の「どぶろく特区」として認定を受けています。ただ、南小国町では生産者が減少し、今では「あっぷるみんとハーブ農園」さん、ただ一カ所となってしまいました。あっぷるみんとさんは、農薬・化学肥料・除草剤不使用の環境保全型農業でお米を生産している農家さんです。近年は製造と販売の負担が大きくなり、このままではどぶろく製造を続けていくことが難しい状況にまで追い込まれていました。

そこで、あっぷるみんとさんとSMO南小国でどぶろくを共同製造することになりました。原料のコストを一部SMO南小国も負担。できあがったどぶろくはきよらカァサで責任を持って販売します。これまであっぷるみんとさんが製造から販売まですべての工程を担っていましたが、今後はどぶろくの製造に専念できる体制をつくることができました。

地域の魅力的な商品づくりを応援して、しっかり売っていくのも、SMO南小国の役割なのです。

「体験型メディア」としてのカフェをオープン

閉鎖していたきよらカァサのレストランは、2020年9月に「きよらカフェ」として再スタートを切りました。新型コロナウイルスの感染予防の観点に立つと、これまでのような試食コーナーはつくれません。そこで、カフェを「体験型のメディア」と位置づけ、カフェで提供するメニューには、きよらカァサでも販売している地域産品をつかうことにしました。

コンセプトは「きよらカァサの試食室」。カフェで飲食して気に入った商品を物産コーナーで購入できる、という流れをつくりました。

その代表例が「きよらドッグ」です。南小国町をはじめとする小国郷（南小国町と小国町を合わせたエリア）で生産された野菜や加工品、南小国町の有名喫茶店のパンをつかったホットドッグです。カフェで食べておいしさを知ってもらうことで、飲食の売上だけでなく、物産の売上にも貢献できます。カフェは陳列棚だけでは伝えきれない味、生産者の工夫や思いを直接伝えられる、まさに体験型のメディアとして機能しているのです。

カフェで使用している食器をブランド化した「kiyora」も好評です。隣の小国町の「障がい児・者支援施設サポートセンター悠愛」さんとのコラボレーション商品です。もともとはカフェで使用する食器として注文したものでしたが、販売もしたところ評判になりました。ほかにも、小国杉に関わる地元企業や南小国町の起業型地域おこし協力隊とともに「食」と「木」を掛け合わせた商品を提案するブースを設置しています。カフェが地域で魅力的な取り組みをされている方々を紹介し、その方々の事業所へ送客する場所として機能し始めています。

ＳＭＯ南小国の設立前、あれだけ心配されたきよらカァサでこれほど多くの取り組みが始まり、成功しているのには理由があります。それは、スタッフのやる気を引き出す環境づくりをしているからです。

ＳＭＯ南小国の設立直後、就業規則の改定がおこなわれましたが、最近もガラッと変えました。もともとあった正社員制度とは別に、「限定正社員」という制度を導入したのです。短時間しか働けないからと正社員から契約社員にするのではなく、正社員登用する。それが限定正社員です。

たとえば、週３日とか４日だけ働く。お子さんがいるからフルタイムの40時間ではなく32時間だけ働く。ＳＭＯ南小国の正社員だけれど週のうち1日はフリーランスとして仕事をする。そんな多様な働き方ができるようにしました。そのかわり権限をわたして、責任を持ってその時間働いてもらいます。

きよらカァサの前向きな変化は、こうした環境を活用してスタッフが主体性を発揮している結果だと考えています。

ＳＭＯ南小国で長く働いていただくのはもちろん歓迎です。そうでなくても、一時

きよらカフェで提供されるメニューや食材は、
すべて物産コーナーで購入できる

安部浩二さん

的なキャリアを積むための場所、次のステップに進むための場所としてつかってもらってもいい。スタッフのキャリアと挑戦したいこと、今後のキャリア形成に結びつく働き方によって、個々人の自己実現につなげてもらえればいいなと考えています。

（SMO南小国COO　安部浩二さん）

SMO南小国ができて変わったこと

ここまで、「3本の矢戦略」の成果を見ていただきました。2018年7月のSMO南小国設立後の町のさまざまな変化を、住民はどう見ているのでしょうか。

SMO南小国の設立検討と準備に関わった、南小国町観光協会長の平野直紀さんは、SMO南小国に観光地域づくりのノウハウが残ったことがいちばんの宝だと言います。

SMO南小国設立当時は、きよらカァサの改装直後でもありました。「赤字のきよらカァサにお金をつかったばかりなのに、うちの町長はなにを考えているのか」「町外の人間と町長が勝手に話を進めている」などと、町内からはいろいろな声が聞こえてきました。議会からもＤＭＯ設立について反対の声があがりました。

しかし、町長と委員はそれに屈することなく、町の「あるべき姿」に沿ってやるべきことを坦々《たんたん》と進めていきました。柳原さんも「私たちのせいにしていいですから」と言って、矢面に立ってくれました。

批判の声が小さくなったのは、きよらカァサが２０１８年のうちに黒字化したこと、ふるさと納税が早々に結果を出したことが大きかったと思います。コロナ禍においては、その利益で事業者に独自の支援もできました。

観光協会にとっての成果は、これまでできていなかった「外の視点で観光商品をつくる」ということです。事務局長の森永さんが来てからはいろいろ考えて頑張ってくれていました。それをいっそう強化できるようになりました。

これまではプロモーションに関しては人手が足りないため、外注していました。町の外にお金が出ていくし、プロモーションのノウハウも町には蓄積されないことが残念でした。

今はＳＭＯ南小国のスタッフが動画をつくったりして、プロモーション活動を担ってくれています。観光地域づくりのノウハウが町に残ることが、地域にとっていちばんの宝になっていると思います。

観光協会では今、新しい取り組みを進めています。年々子どもの数が減っていますし、なるべく若い人には町に残ってほしい。若者にとって魅力的な地元をつくろうと、小国高校と協力してドローン部を立ち上げました。ここに参加すると、動画撮影や編集の勉強ができます。ここでクリエイティブな仕事に興味を持ってもらえたら、将来、町のプロモーション活動に力を貸してくれるかもしれない。観光という切り口で、地域を巻き込みながら課題解決をしていくための第一歩になるのではないかと考えています。

今はSMO南小国の観光部門のなかに観光協会事務局があります。今後は一元化して人もお金も情報も集中させていく

平野直紀さん

ことになると思います。地元の人間で構成されている観光協会とSMO南小国が名実ともに一体となれば、SMO南小国が自分たちのための組織だと町の人たちがより感じてくれて、ますます協力してくれるのでは、と期待しています。

（南小国町観光協会長、SMO南小国取締役、委員会メンバー　平野直紀さん）

平野さんの話に登場する南小国町観光協会事務局長の森永光洋さんは、2014年に南小国町に移住してきました。事務局長職の公募で採用され、現在はSMO南小国のCMO（チーフ・マネジメント／マーケティング・オフィサー）としても活躍しています。

振り返ってみると、私は南小国町の観光振興の取り組みにかかわる「よそ者移住者第1号」だったと思います。

事務局長としては、町内の方々との交流を通じて町の観光の課題を見つけ、その解決のための道筋をつくってきました。個人や集落単位で実現不可能なことは、観光協会という組織をつかって実現することもできました。これらの取り組みが町内で認められて、「よそ者の力も大事」という考えが広まり、町外の人も迎えてやっていこうという気運が高まっていったように思います。

その後、髙橋町長を中心に「観光を手段とした地域づくり」を通じて地域経済循環をめざす動きが出てきました。根底にあるのは2016年の熊本地震の後、町の観光業が止まり、経済活動も止まってしまった辛い経験です。熊本地震をきっかけに、観光を手段としつつ、町全体で稼ぐ地域づくりが重要であるとあらためて認識が深まったと感じています。

新型コロナウイルスの感染拡大でどこの観光地域も大変かと思いますが、SMO南小国で先行して培ったアドベンチャーツーリズム構築・運営のノウハウは他地域でも展開可能です。今後はそのノウハウを研修プログラムとして他地域に横展開し、貢献していきたいと考えています。

（南小国町観光協会事務局長、SMO南小国CMO　森永光洋さん）

SMO南小国設立当時、黒川温泉観光旅館協同組合の組合長だった北里有紀さんは、SMO南小国は町の「関係案内所」だと言います。

SMO南小国ができたことで、南小国町のオフィシャルの「関係案内所」ができたと思っています。この町は小さいけれども、多様な人がいて、関係人口も多かった。

でも、それらをつなぐ窓口がありませんでした。人と人がつながれば、もっとこの町はよくなる。そのための関係案内所が必要だ、と常々思っていました。

今は未来づくり事業部のMOGを拠点として、町内・町外、さまざまな人がつながり始めています。住民だけでなく、町で外者《そともの》が活躍できる環境が整いつつあります。

外から来た人がいきいきと活躍することは、町にとってよくも悪くも刺激になっていると思います。外の人が活躍すること、彼らに頼ることをよしとしない人もいますが、そう言っていられるのは今だけかもしれません。これからは「縮む社会」が確実にやってくる。南小国町の人口はもっと減るでしょう。そのときに町内の人だけでなにかしたいと思っても、難しい状況が生まれるかもしれない。だから、関係案内所は必要なのです。

危機感だけで、人は長く走り続けることはできません。長く走り続けるには、やはり楽しさがないといけない。関係案内所ができて、住民も新しいことをしやすい環境が整ってきたと思います。町のあちこちで小さな成功体験がたくさん生まれて、町の人たちの横の連携が進むことを期待しています。

2016年の熊本地震で、旅館はいい波及効果も悪い波及効果も、先頭になって町に及ぼしてしまうんだということがよくわかりました。コロナ禍が起こったように、こうした危機はまたやってくると思います。

何事も起こらないことを願うだけでなく、次に危機に見舞われたときにどれだけ持ちこたえられるのか、どれだけ早く、力強く回復できるかが大事です。

その点で、町全体で稼ぎ、町に利益をなるべく残すという地域経済循環を意識したSMO南小国の事業には大きな意義があると思います。黒川温泉も、なるべく南小国町全体の利益に貢献していけるような活動をめざしています。旅館は「町のショールーム」であるべきだと思っています。南小国町を含めた一帯の文化圏や商圏でしか味わえない体験を、農業や林業などいろいろな分野の人と連携して提供していくことを考えています。南小国らしい新しい商品ができれば、旅館で取り扱って広げることもできます。町民の方にも、もっと黒川を利用してもらえたらうれしいですね。

（黒川温泉観光旅館協同組合元組合長・理事、委員会メンバー　北里有紀さん）


SMO南小国の監査役である下城博志さんは、SMO南小国の設立前、きよらカァサの役員でした。きよらカァサをいちばん近くで、長く見続けている住民の一人と言っていいでしょう。その下城さんは、SMO南小国ができてもっとも変わったのは「夢をみることができるようになったこと」だと言います。

私はSMO南小国の前身である株式会社きよらカァサの時代から役員をしています。SMO南小国ができたことによるいちばん大きな変化は、「夢をみることができるようになったこと」です。

長年の累積赤字で困窮していた時代からすれば、考えられない変化です。地域商社として南小国町ならではの商品をしっかりと売ることができるようになりました。ふるさと納税でも利益を出すことができています。

こうした実績を踏み台にして、今後は地域内の産業振興、産業創出にまでつなげていけたらいいなと思っています。

（南小国町出荷者協議会会長、SMO南小国監査役　下城博志さん）

2020年3月、私たちがお手伝いをしてきた南小国町の観光地域づくりが、3年の契約期間を終えました。最後の取締役会で、私は髙橋町長にたずねました。「町長、町は変わりましたか？」と。すると町長は相好を崩してこうおっしゃってくださったのです。

「変わったねぇ〜！」

具体的になにが変わったと、町長は考えているのでしょうか。

いちばんの変化は、なんといってもきよらカァサの黒字化です。2018年7月にSMO南小国が立ち上がり、その年には単年度黒字になった。28年間赤字が続いていたわけですから、このインパクトは大きかったですね。7000万円以上にのぼっていた債務超過寸前の累積赤字も近いうちに解消できる見込みです。

コロナ禍でもきよらカァサの売上は前年を上回っています。ふるさと納税も同様です。観光を軸に、まさに「町全体で稼ぐ」ことが実現しつつあると感じています。

SMO南小国で42人もの雇用を生み出していることもすばらしいと思います。この町の規模では考えられないほどの大きな雇用です。若者がチャレンジしたいと思えるような仕事も数多く生まれていると感じます。

コロナ禍を期に、今後は人の流れが変わってくるでしょう。都会から地域に移り住む人が増えてくると思います。南小国町ではSMO南小国が行政と民間のあいだを取り持つ中間支援組織として、地元の方と外から来られる方のパイプ役となってくれることを期待しています。

すでにSMO南小国の未来づくり事業部では、起業や事業承継のサポートをしています。町外出身のスタッフも複数人在籍している。この町のいいところばかりでなく、田舎暮らし特有の不便も併せてお伝えしていくことで、移住を考える人たちと長くお付き合いできる関係を築いていきたいと思っています。

（高橋周二町長）

［「株式会社SMO南小国」のKPI］

KPIは
シンプルかつ
実行の伴う
内容に！

▼観光庁指定の必須KPI

指標	データの有無	取得方法	算出方法
延宿泊者数	有	観光入込客調査の活用	延宿泊者数の合計
旅行消費額	無	満足度調査の実施	平均消費単価×入込客数
来訪者満足度	無	満足度調査の実施	総合満足度の平均
リピーター率	無	満足度調査の実施	複数回の訪問経験がある回答者数／回答者数

▼南小国版DMOの独自KPI（初期設定時）

指標	データの有無	取得方法	算出方法
WEB訪問者数	無	アクセスログの活用	アクセス件数（UUなど）
観光商品販売件数	無	販売情報の活用	各種ツアー販売件数の合計
物産売上高	有	物産館POSデータの活用	レジ通過人数×平均客単価
外国人延宿泊者数	有	観光入込客調査の活用	外国人延宿泊者数の合計

観光庁指定のKPIと当町独自のKPIを設定することで自らの足元を知り、打ち手を考え、実行する

■ 平成31年度（令和元年度）KPI数値報告

▼観光庁指定の必須KPI

成果：2019年度

KPI	実績（カッコ内昨年度実績）		評価
延宿泊者数	381,757人（367,331人）	前年比104%	○
旅行消費額	【宿】29,710円（24,452円） 【日】3,576円（3,797円）	前年比122% 前年比94%	◎／△
来訪者満足度	【宿】82.8%（80.2%） 【日】80.0%（65.7%）	前年比103% 前年比122%	○
リピーター率	【宿】36.9%（35.9%） 【日】79.5%（88.6%）	前年比103% 前年比90%	○／△

※【宿】：宿泊客　【日】：日帰り客

▼南小国版DMOの独自KPI（初期設定時）

KPI	実績（カッコ内昨年度実績）		評価
WEB訪問者数	171,416（65,010） ※PV数：306,199（128,372）	前年比264%	◎
観光商品販売件数	ドローン手形販売数：200（50）	前年比400%	◎
物産売上高	83,600千円（74,472千円）	前年比112%	○
外国人延宿泊者数	78,643（86,994） ※東アジアからの観光客の大幅減	前年比90%	△

©2020 DHE Corporation

［「SMO南小国」ができて、町が変わった5つのこと］

1	設立来、赤字の会社が２年連続黒字化達成。
2	「上質な里山」を売り出す デジタルマーケティングの実現。
3	「上質な里山」の 本格的な地産地消事業のスタート。
4	「上質な里山」の価値を体験商品化。
5	地域の事業を「人」の横串で運営基盤を確立。

©2020 DHE Corporation

[「株式会社SMO南小国」のビジネスモデルの事業体系について]

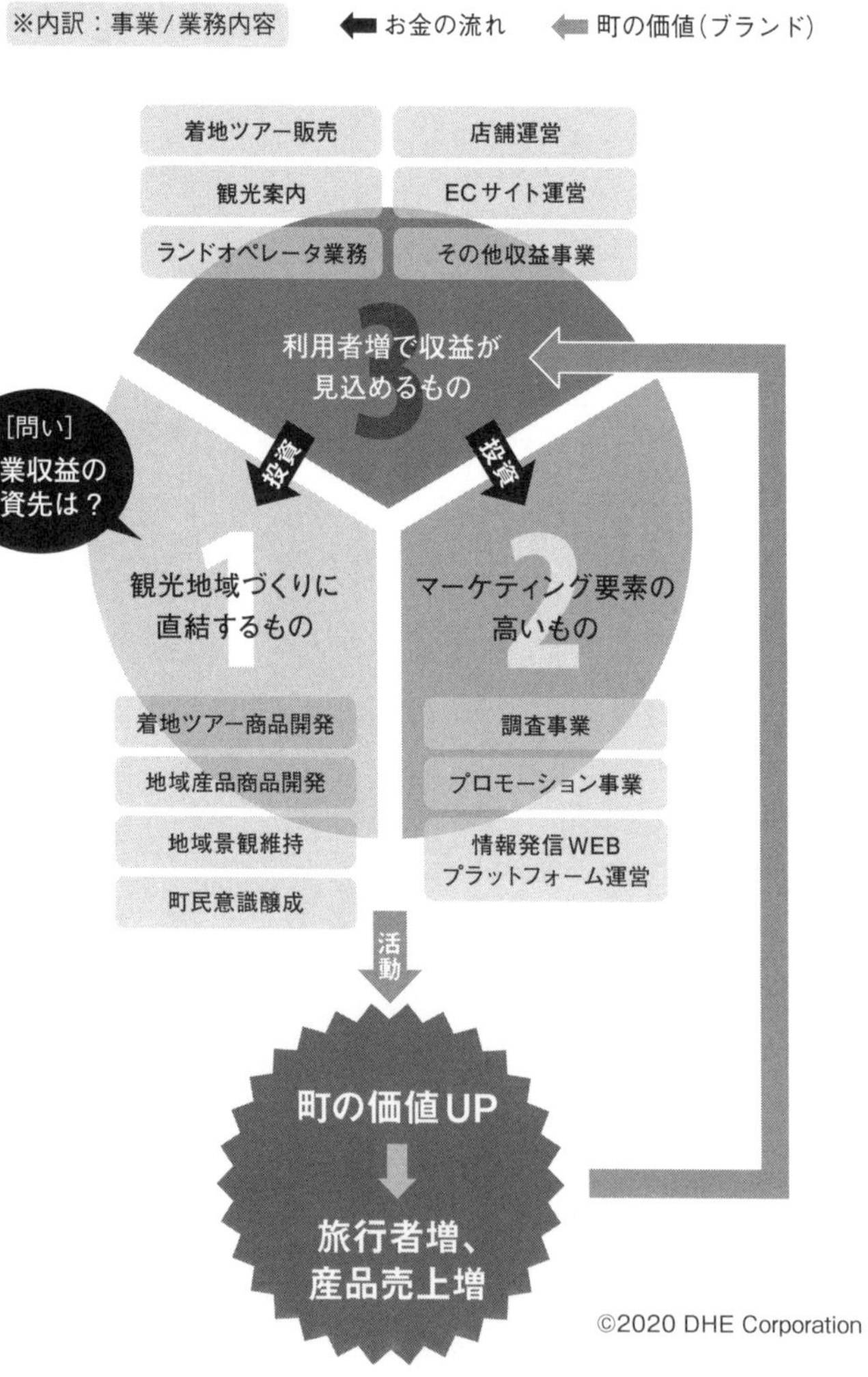

第５章

南小国町は、
これからどこをめざすのか

「おすそわけ」の精神で持続的発展へ

コロナ禍にあっても南小国町は順調

2018年から2019年にかけて、SMO南小国は「3本の矢戦略」を実行し、南小国町の稼ぐエンジンは力強く回り始めました。

そして2020年、コロナ禍が世界中を襲います。もちろん、南小国町にとってもこれは予期しない事態でした。

都道府県をまたいだ移動の自粛が始まり、黒川温泉を訪れる観光客は減少。その影響で黒川温泉に関連する南小国町の事業者も苦境に立たされました。

外国人観光客の訪日がかなわなくなり、SMO南小国で売り出しを本格化しようとしていたインバウンド向けのガイドツアーの販売にもブレーキがかかっています。販売開始のめどが立たない状況はしばらく続くでしょう。

しかし、南小国町が全然稼げなくなったわけではありませんでした。事業者単位でみると影響を受けているところはあるにせよ、SMO南小国が担当するきよらカァサでの物販・飲食、町のふるさと納税は上向きなのです。

きよらカァサでは4月と5月に売上が激減しました。２０２０年4月の売上は対前年比49％、5月の売上は対前年比33％。5月のゴールデンウィークには緊急事態宣言や国の外出自粛要請にともなう休業もしました。

その後、6月の売上は対前年同月比１０２％に回復。7月以降は国の「Ｇｏ Ｔｏ トラベル」キャンペーンの影響もあってか、対前年比１２０％程度で推移していきました。同キャンペーンの東京都民・東京発着除外が解除された10月と11月の売上は、対前年比１５０％にまで増加。これに加えて、「第3の矢」で南小国町らしい商品ラインナップが整っていたことも奏功しました。結果、２０２０年4月～10月の売上の累計は対前年の同時期の累計を上回る結果となりました。

ふるさと納税もコロナ前から引き続き好調です。２０２１年2月の段階で２０２０年度の寄付額は約9億5千万円。すでに２０１９年度の寄付額約7億4千万円を上回っています。

２０１９年に対前年比７５０％の寄付額をいただいたおかげで、町の財政には余裕がありました。そのお金を活用して「南小国町協働型逆境克服チャレンジ支援事業補助金」や「南小国町コロナ感染症対策支援補助金」といった町独自のコロナ対策を打ち出すこともできたのです。

好調を後押しする「第4の矢」を追加

2018年と2019年の成果をふまえて、私は「3本の矢戦略」に「第4の矢」を追加することを提案し、取締役会で承認をいただきました。

「第4の矢」のコンセプトは、「近隣地域連携による地域の売り出し」です。「3本の矢戦略」によって、南小国町はコロナ禍にあってもしっかり稼げる町になりました。そのプロセスで培われた稼ぐためのノウハウ、SMO南小国の人材を近隣地域と共有し、より広範囲な阿蘇エリアとしての価値の底上げを図っていく。それが南小国町の「第4の矢」であり、2020年以降の取り組みになります。

南小国町はSMO南小国の事業によって、町内に散らばる地域資源をつなげて観光資源として磨き上げ、町全体で稼いでいくことができるようになりました。それを、同じ阿蘇エリアにある近隣の市町村でも展開していくイメージです。

キーワードは「おすそわけ」の精神です。南小国町では自家栽培の野菜を近所におすそわけしたりされたりということが日常的におこなわれています。とくに野菜は、家庭消費量の半分以上をおすそわけによってまかなっている世帯が全体の約3割にのぼるとも言われています。町に根づいたこの「おすそわけ」の精神を、広域の観光地域づくりに生かしていくのです。

第1章では、SMO南小国設立前に町が抱えていた3つの課題を紹介しました。これらの課題は、なにも南小国町特有のことではないと私は考えています。

人口減少、とりわけ20代~40代の働き手の減少は、全国の多くの市町村で問題となっています。

一つの産業に依存して、地域全体で稼げていないこともよくある課題でしょう。

立派な施設をつくったにもかかわらず、設立当時の計画どおりに機能していない第三セクターをどうするかといった話もめずらしくありません。

あなたの住んでいる町ではどうでしょうか。南小国町の近隣の地域も、南小国と似たり寄ったりの状況ではないかと思います。

今後、南小国町が持続可能な発展を続けていきたいのなら、自分たちの町のことだけを考えていては遅かれ早かれ限界がくるでしょう。同じ阿蘇エリアにある地域で連携して、ノウハウを提供し合う。足りないものは共有する。そうして限りある資源を有効活用できれば、地域経済はより広範囲で豊かになっていくはずです。地域全体の価値の底上げもでき、長期にわたって阿蘇エリア全体で稼いでいくことにもつながっていくと思います。
この「近隣地域連携による地域の売り出し」というコンセプトにもとづき、「第4の矢」では3つの戦略方針を立てました。

【戦略方針❶】近隣地域の共通課題を未来づくり事業のノウハウと人的リソースの共有で解決する
【戦略方針❷】戦略方針❶を通じて、ふるさと納税業務のノウハウと人的リソースの共有で経済活性化
【戦略方針❸】地域ブランド化事業

未来づくり事業を近隣地域に拡充

SMO南小国の未来づくり事業として「起業塾」を開催していることを、第4章でお話ししました。その起業塾のノウハウを活用して、2020年、南小国町の隣の産山村《うぶやまむら》と

「阿蘇ファーマーズキャンプ by 産山起業・ものづくり塾」を協同開催しました。地域の生産者さんとものづくりをしていきたいという産山村からの相談を受けて企画した、阿蘇エリアで食の仕事に携わっている人たち向けのスキルアップとネットワーキングを目的としたプログラムです。今回は産山村だけでなく、南小国町と阿蘇市の人も参加して、加工食品の開発に取り組みました。

産山村に限らず、あえて門戸を広げたのには狙いがあります。一つには、広域で取り組んだほうが村内でチャレンジする人たちにいい刺激をもたらすのではないかということ。もう一つは、狭いエリアで自治体ごとに同じような取り組みをするより、広域の取り組みにしたほうが市場拡大・機会創出につながるのではないかということです。

SMO南小国が阿蘇エリア全体の利益を考えて動き、小さな連携を積み重ねていく。将来は、近隣地域が協力してふるさと納税の共通返礼品をつくり、阿蘇エリア全体の魅力を底上げしていくような取り組みにもつながっていくことを期待しています。

第4章で紹介した「○○戦略会議」を、町内だけでなく町外に展開していく構想もあります。

今の○○戦略会議は住民同士をつないで事業をつくったり、困りごとを解決したりする

阿蘇ファーマーズキャンプ（2020年度開催）

産山村との連携事業としておこなわれた

ための取り組みです。ここで生まれたプロジェクトを町外にもオープンにしていくことで、新しく生まれた業務を遠隔や副業で担いたい人との出会いの場としても活用できると考えています。

「第2の矢」の戦略方針❹に盛り込んでいた、「町の人事部」構想実現のための具体的アクションもこれからの予定です。「南小国町やその周辺では雇用の需給にズレがある。仕事がないわけではないし、人がいないわけでもない」と未来づくり事業部の安部千尋さんは言います。そのため、まずは町内にある仕事と担い手を掘り起こし、「見える化」してマッチングしていこうとしています。

雇う側は「人がいない」と言うけれども、雇われる側は「仕事がないから町を出ていくしかない」と思っています。しかし、担い手を探している仕事はたくさんありますし、南小国町で働きたいと思っている人もたくさんいます。

この需給のズレを解消していくために、まずは町内にどんな種類の仕事があるか、掘り起こしていきたいと思っています。どんな仕事があるかだけでなく、その仕事をどう分解できるかについても探っていきます。

たとえば、旅館の仲居さんのお仕事は、予約受付、フロント受付、風呂掃除、部屋の掃除・片付け、食事の配膳など多岐にわたります。このすべてを一人の仲居さんが9時〜17時で担うという求人を出すと、そこにマッチングできる人数は非常に少なくなってしまう。しかし特定の業務だけ、早朝だけの勤務、夜だけの勤務と切り分けていくと、マッチングの可能性は広がります。

並行して、人材の掘り起こしも進めていきます。町内で仕事を探している人がどれくらいいるか、その人がどんなスキルを持っているか、どんな勤務形態だと働きやすいのか。仕事と人、双方の情報を、未来づくり事業部のコーディネーターが聞き取りをしたうえでデータベース化していくつもりです。

これを観光業だけでなく、各産業で進めていく。将来は町内だけでなく、町外の担い手の掘り起こしにも活用できたらと考えています。

（SMO南小国未来づくり事業部部長　安部千尋さん）

隣の「小国町」のふるさと納税業務を支援

SMO南小国では、2020年5月からお隣の小国町のふるさと納税業務の支援を始めました。

南小国町は2018年7月のSMO南小国設立以来、ふるさと納税寄付額を順調に伸ばしてきたことはこれまでに述べてきたとおりです。2020年度は前年度を大幅に上回る目標が設定されました。ただ、寄付額の増加にともなって事務作業の量は膨らんでいきます。目標を達成して事務作業を確実におこなうためには、人への投資は避けて通れない状況でした。

ただ、人の採用はたやすいことではありません。南小国町在住者から採用できないときは他の市町村からの採用を考えなければなりませんが、熊本市から車で1時間30分かかる南小国町まで通勤できる人はなかなか見つからないのが現状です。

この採用の問題は、近隣の市町村でもふるさと納税に力を入れ始めるタイミングで必ず顕在化してくるはずです。そこで、事務局機能を共有してはどうだろうとSMO南小国は考えました。南小国町で先行投資をして事務局機能を確立しておき、それを近隣地域でも活用してもらうのです。

近隣地域にSMO南小国のリソースをつかってもらえれば、狭いエリア内の小さな町や村単位でふるさと納税の事務局機能を持つ必要はなくなります。少ない人材を近隣地域で奪い合うこともありません。SMO南小国としては、事務手数料をいただいて人材を育成し、雇用を維持していくことができます。SMO南小国の持つノウハウや人材を共有して、近隣地域に共通の課題を解決することでウィン-ウィンの関係を築くのです。

このような意図を説明したうえで、2020年から小国町のふるさと納税業務の支援業務が始まりました。こうした連携を、今後はほかの地域にも広げていく予定です。

南小国町のふるさと納税で培ってきたノウハウを、現在は小国町でも横展開しています。

南小国町もそうでしたが、小国町でもすばらしい商品を持っているのに、それを伝えるクリエイティブの工夫が十分になされていませんでした。せっかくいい返礼品を出しているのに、商品説明が一行、写真も一枚だけ、という状態でした。

今では私やSMO南小国の情報発信部のスタッフが生産者のもとに出向いて、商品の特徴やこだわりについて取材をして、文章を書いています。写真も1つの返礼品につき、何枚も撮ります。肉であればパックのまま撮影したりせず、皿に盛りつけておいしく見えるように撮る。原料や製造風景、店舗の撮影もおこないました。こうした工夫によって他地域の人気商品の寄付額を追い抜く事例も出てきています。

（SMO南小国ふるさと納税部マネージャー　小池真史さん）

SMO南小国のスタッフが作成を支援している小国町のふるさと納税ウェブサイト

近隣地域との連携をめざす地域ブランド化事業

南小国町の物産館の復活、ふるさと納税の大幅な伸びを見て、近隣地域からのご相談や連携のご要望が少しずつ増えてきました。そうした場面でノウハウを抱え込まずに共有するのは、CSV（Creating Shared Value）の考え方にもとづいています。

CSVは「共有価値の創造」と訳されます。「社会問題の解決を目的とする」「長い時間軸で物事を考える」「幅広いステークホルダーと対話・協働する」といった意味を持つ概念です。

南小国町が持続的に発展していくためには、阿蘇エリア全体の発展を視野に入れていったほうがいいと私は思っています。南小国町だけで努力しても、発展は限定的です。今後は行政区分にとらわれることなく、共通の歴史的・文化的背景を持つ阿蘇エリアをブランド化し、広域で売り出していく取り組みをしていくことが重要だと考えています。

いきなり「近隣地域の連携」というコンセプトを打ち出すより、まずは足元で、現実的な連携を固めていくことが大切だと考えています。具体的には、ふるさと納税業務の支援や起業塾のノウハウの提供によって、各地域の共通の困りごとを解決しながら信頼関係を築いていく。そのほうが近隣地域と長期的な連携につながると思います。地域によっては、急激に寄付額を伸ばしている南小国町は、お客を奪う脅威と映っているかもしれないからです。

うまくいったからこそ、ＳＭＯ南小国は自分たちの身を切る先行投資をして自分たちのリソースをフルオープンにし、エリア全体に貢献していきます。広い範囲で人材が育っていけば、それが巡り巡って南小国町の魅力を最大化するのにもいい影響を及ぼしてくれると思います。

「なぜ南小国町以外のことをＳＭＯ南小国が手伝わなければいけないのか」という声も上がるかもしれませんが、ＳＭＯ南小国の経営陣や役場は近隣地域と長期的な関係を築いていくことの重要性を理解してくださっている。今の南小国町は中長期的なリターンを期待できる体力をもつことができました。あせらず地道に、近隣地域のみなさんとの信頼関係を築いていこうと考えています。

（ＳＭＯ南小国ＣＯＯ　安部浩二さん）

［ 株式会社SMO南小国の『~~3~~→４本の矢戦略』 ］

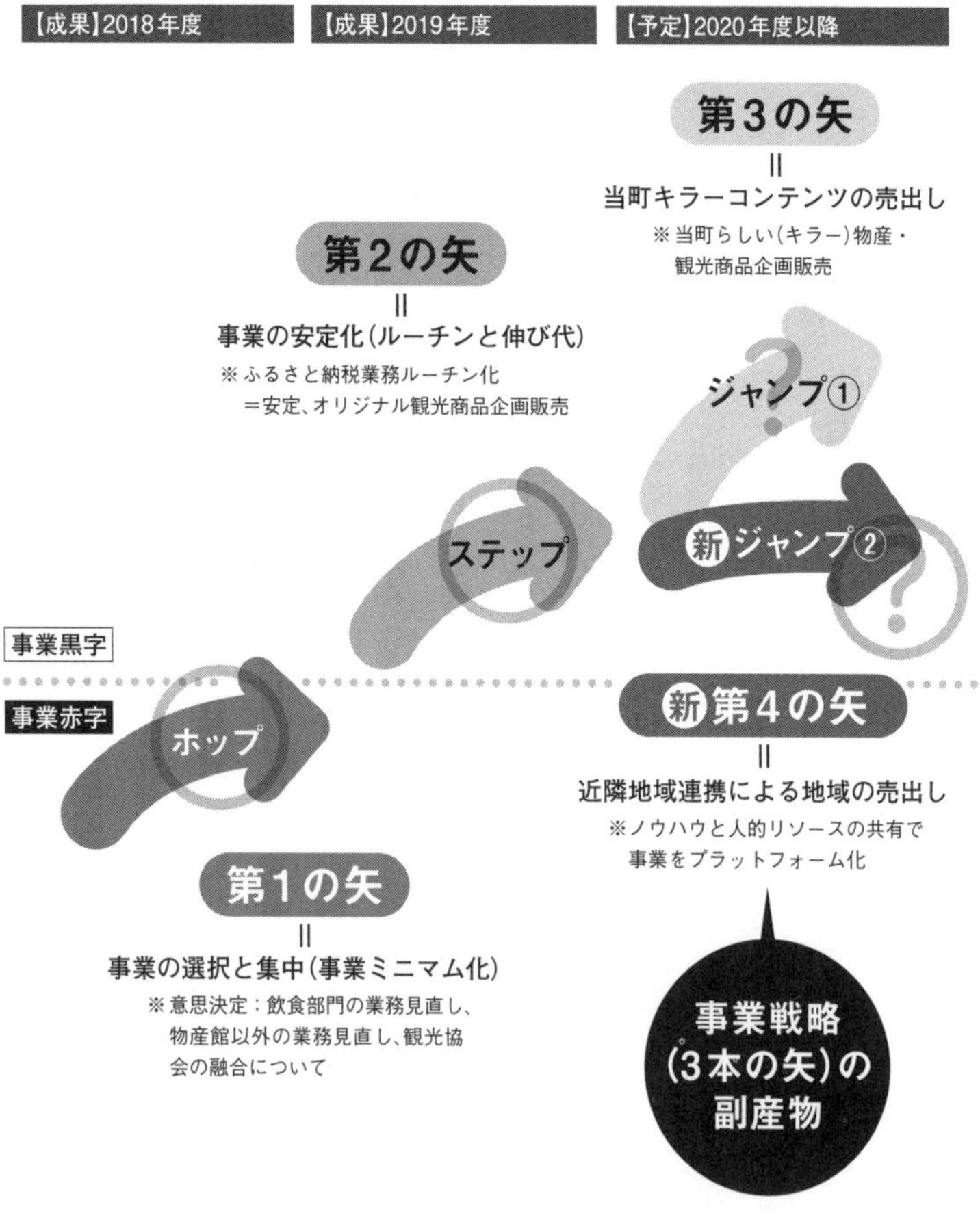

©2020 DHE Corporation

[事業戦略(具体的アクション)]

【予定】2020年度以降

新第4の矢 コンセプト

||

近隣地域連携による地域の売出し ⇒事業戦略(3本の矢)の副産物

※近隣地域の共通課題を、当町のノウハウと人的リソースの共有で解決

戦略方針❶

◉近隣地域の共通課題を未来づくり事業のノウハウと人的リソースの共有で解決する

(1)起業塾の協働開催

(2)○○戦略会議の協働開催

(3)「町の人事部」の協働立ち上げ〜情報利活用

↓ ことを通じて、↓

戦略方針❷

◉戦略方針❶を通じて、ふるさと納税業務のノウハウと人的リソースの共有で経済活性化

(1)地域産品開発〜発掘(目利き)

(2)商品登録〜掲載(チャネル選定〜オペレーション)

(3)マーケティング(情報発信)

(4)返礼品発送(オペレーション)

戦略方針❸

◉地域ブランド化事業

(1)※CSVの観点での「上質な里山」の地域(面)協働展開

(2)近隣地域での情報発信の協働展開

※CSV(クリエイティング・シェアード・バリュー):「社会問題の解決を目的とする」「長い時間軸で物事を考える」「幅広いステークホルダーと対話・協働する」などを意味する概念

©2020 DHE Corporation

［「SMO南小国」がこれから始める5つのこと］

1	「上質な里山」のブランディング活動。
2	継続的に地域へ投資できる仕組みづくり。
3	日本を代表する 「上質な里山」コンテンツへ。
4	「上質な里山」の未来を「人」を通じて解決。
5	近隣地域との協働による 地域経済活性の最大化へ。

第6章

なぜ、南小国町は うまくいっているのか

観光地域づくり成功のヒント

ＤＭＯに持ち込まれた事業開発視点

ここまで、南小国町の観光地域づくりについてお話ししてきました。南小国町はなぜ、これほどうまくいったのでしょうか。その理由は、大きく分けて２つあると私は考えています。

１つめは、ＳＭＯ南小国に事業開発視点を持ち込み、稼ぐためのエンジンをしっかりと入れたことです。それによって利益が出て、人も組織も機能し始めた。だから稼げる町になれたのだと思います。ＳＭＯ南小国も、全国でも数少ない自走しているＤＭＯになることができました。

南小国町では民間企業と同じように、町の「あるべき姿」というビジョンを定め、そのゴールに到達するにはどういう道をどんな乗り物で進めばいいのかを示す事業戦略を考えました。事業戦略は実現不可能なものではなく、町のリソースやポテンシャルをふまえて設定しました。

この事業戦略を着実に実行するマネジメントは、南小国町の観光地域づくり成功の重要な要素の一つでした。町の人材だけではマネジメントし切ることが難しそうだと判断したら、「よそ者」の知恵と力を借りることをいとわなかった。この判断もよかったのだと思います。

地域は「よそ者」の知恵と力をどんどん借りて、事業開発視点で地域をマネジメントしてほしいと思います。ビジネスの目線を持てば、地域には人もお金も集まり、もっと個性を発揮することができます。地域の魅力に共感した人たちと関係を結ぶことができ、その人たちが町の課題解決の力となってくれるかもしれません。そうして町はますます輝いていくのです。その先に、移住したいと考える人たちが生まれてくるのだと思います。

南小国町では、町外在住のマネジメントのプロに痛みをともなう大仕事を託しました。その結果、適材適所が実現して組織も機能するようになり、事業戦略を着実に実行することができました。

地域には優秀な人がたくさんいます。南小国町にも熱意と行動力があり、能力もある人たちが大勢いました。「地方には人がいない」「適任者がいない」とよく言われますが、いないわけではないのです。能力を発揮できない場所にいたり、マネジメント層が個人の能力を把握していなかったりして、人が機能していないだけなのです。

ＳＭＯ南小国では、観光協会や物産館の人材を見きわめて適材適所に配置した結果、それぞれの人が能力を発揮し始めました。まさに「はまり役」という表現がぴったりでした。

実際、ＳＭＯ南小国のスタッフは楽しんで仕事をしています。仕方なく仕事をしているような人はいません。

町の「あるべき姿」を共有し、町を魅力的にするための自分の役割を認識して、その役割を果たしている。「あるべき姿」を実現して大好きな町で生き続けていくために、自分で考えて動くことができていると感じます。

データにもとづき、デジタルマーケティングを徹底したことも、南小国町の地域づくりの成功を後押ししました。ＳＭＯ南小国を通して、南小国町は豊かな自然や里山での暮らしに関心を持つ層に魅力を伝える情報発信ができるようになっています。

「里山再発見メディア　ＳＭＯＭＯ」のアクセス分析結果を見ると、どの指標においても大きく対前年比を上回っています。この情報発信力は、コロナ禍のきよらカァサやふるさと納税の好調ぶりにも貢献していると思われます。

[デジタルマーケティングの成果]

SMOMOサイトアクセス分析

(期間：2019/03/01～2020/02/29と2018/03/01～2019/02/28の比較)

▼サイトアクセス分析情報

期間	対象期間 2019/03/01～2020/02/29	比較期間 2018/03/01～2019/02/28	
集客力	171,416	65,010	→ **264%**(前年対比)※KPI
新規集客力	127,708	46,853	→ **273%**(前年対比)
リピート集客力	43,708	18,157	→ **241%**(前年対比)
スマホ集客力	128,895	48,824	→ **264%**(前年対比)
検索エンジン力	116,309	16,269	→ **715%**(前年対比)

指標の説明

- 集客力：訪問数
- 新規集客力：新規訪問の回数
- リピート集客力：リピート訪問の回数
- スマホ集客力：スマートフォンからの集客数
- 検索エンジン力：検索エンジンからの流入数

〈訪問数〉新規とリピーター

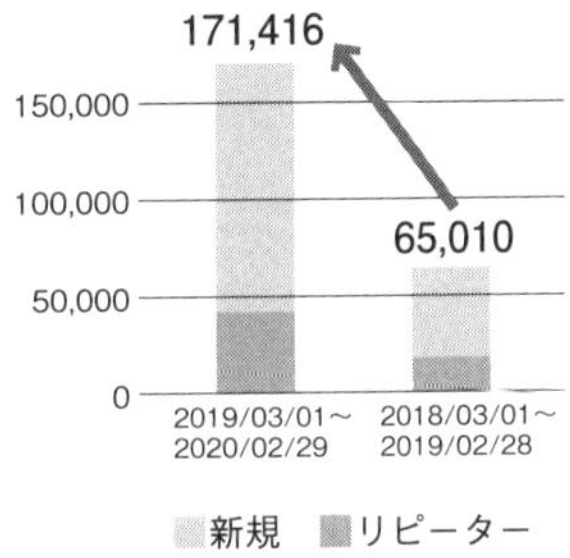

PV数

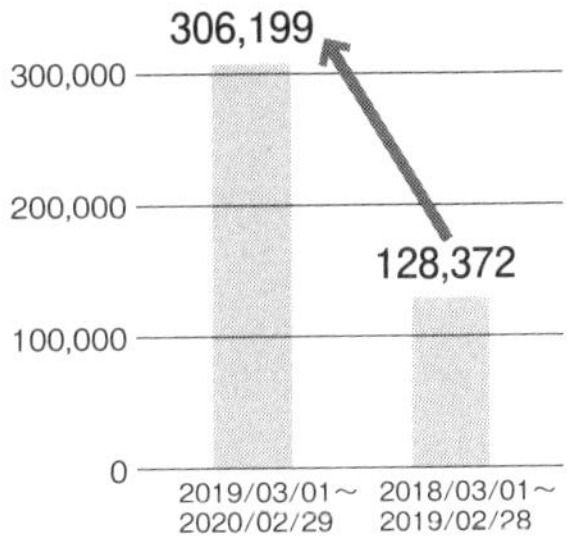

©2020 DHE Corporation

人の行き来ができる日が戻れば、また南小国町に魅力を感じる人が数多く訪れるでしょう。ガイドツアーをはじめとするキラーコンテンツの売り出しも本格的に始めることができます。そうなると、人とモノとお金の地域内循環はますます加速するはずです。

南小国町の視察に訪れた観光庁の檜垣敏さんは、南小国町の観光地域づくりについて、次のように評価してくださっています。

人口減少と、それにともなう地域経済の衰退。これは多くの地域が抱えている共通課題です。

南小国町はその課題に対して、観光振興と物産振興を手段として立ち向かっています。町内外の若者、事業の後継者が中心となり、分野を超えて観光地域づくりに取り組んでいる姿、外国人移住者の視点を

［ SMO南小国の収支 ］

	平成29年度（2017年度）	平成30年度（2018年度）	平成31年度（2019年度）
売上高	6,890万円	9,351万円	12,925万円
営業利益	▲2,510万円	308万円	1,442万円
経常利益	▲885万円	2,863万円	5,068万円

取り入れて、地域の生活・文化・風習を観光商品として磨き上げている取り組みに、大きな可能性を感じることができました。

地域商社の機能を持った組織がふるさと納税の取り組みによって自立自走し、そこで得た収益を地域に還元していく。このSMO南小国の仕組みは、他地域にも横展開できるフレームワークだと思います。

観光庁では地方の観光消費額の増大を推進しています。南小国町が地域ならではの高付加価値商品の開発とその磨き上げ、地域経済循環の拡大にいっそう取り組まれ、今後も継続していかれることを期待しています。

（観光庁　観光地域振興部　観光地域振興課
広域連携推進室長 兼 観光地域づくり法人支援室長　檜垣敏さん）

南小国町特有の挑戦をうながす気風

南小国町の観光地域づくりがうまくいったもう1つの理由。それは、南小国町の挑戦を後押しする気風だと私は考えています。

戦後、観光客がなかなか来ない状況が続いていた黒川温泉を立て直した歴史を持つ南小国町。髙橋周二町長は「学び、挑み、創る町」というテーマを掲げ、さまざまなまちづくりの取り組みが立ち上がっています。もちろん、SMO南小国を軸とした観光地域づくりはその代表的なものです。SMO南小国が進める未来づくり事業も、町の関係人口を増やしたいと考えた髙橋町長が立ち上げたローカルベンチャー事業がもとになっています。

挑戦する人を後押しする補助金の豊富さも、この町の特徴です。町内での起業にかかる費用を補助する「南小国町夢チャレンジ推進事業補助金」。南小国町の自然環境や景観を生かした美しい町づくりのための事業を支援する「南小国町『日本で最も美しい村』づくり事業補助金」。コロナ禍においても独自の補助金制度を立ち上げたことは、先に紹介したとおりです。

アイデアや実行力のある人にとって、南小国町はすばらしいところなのです。だから熱意のある人たちが町外からも集まってくるのだと思います。

「種火」をつなぎ、シナジーを生み出したSMO南小国

挑戦を生み出すこの町の気風について、高橋町長はこうおっしゃっています。

「成功の反対語は失敗ではなく、なにもしないこと。挑戦しないこと」と言った人がいました。私は南小国を挑戦を生み出す町にしたいと考えています。

挑戦する個人、団体は、周りにもいい影響をあたえてくれる「種火」のようなもの。この「種火」をどれだけたくさんつくれるか。それが町長としての私のミッションです。

人口が減り、高齢者が増えてくると、どうしても役場に頼る人が増えてきます。しかし若い人には、小さな町だからこそ、なるべく自分たちでやってみようと考えてみてほしい。町はそれを後押しするような制度をたくさん用意していきたい。やりたいことを持っている熱い人に挑戦のきっかけを準備する。その人の挑戦や活躍を見て、周りの人も「なにかやってみよう」と思ってほしいと考えています。

挑戦している人は志も高いし、自律的でエネルギーがあります。一方、熱量の低い、やる気のない人に火をつけるのはエネルギーがいりますし、時間がかかります。南小国町では、自ら挑戦しようとする人をもっと増やしていきたい。そうすればさらにおもしろい、楽しい町になっていくのではないでしょうか。

（高橋周二町長）

ＳＭＯ南小国ができる前から、南小国町にはじつは「種火」がたくさんあったのです。その個々の種火がＳＭＯ南小国が介在することによってつながり、シナジーが生まれた。そして南小国町の持っていたポテンシャルが最大限に発揮されることになった。だからこそ、南小国町は「稼げる町」として生まれ変われたのだと思います。

ＳＭＯ南小国も、設立時にみんなで決めた地域や組織の「あるべき姿」を地道に実行し続け、機能させ、「種火」一つひとつを大事に育ててきました。そうして町全体に大きなうねりを生み出せる組織へと成長してきたのです。

おわりに

２０２０年３月で南小国町と私たちＤＨＥとの契約が終わりました。これにより、３年にわたる南小国町の観光地域づくりへの伴走は一区切りを迎えたことになります。現在（２０２１年３月）も、南小国町と弊社との関わりは続いています。私は未来づくり事業のメンターとして起業塾のサポートに関わっていますし、弊社の社員はＳＭＯ南小国への出向を継続中です。

本書の目的は、全国各地のみなさんに「私たちの地域にもいいものはある」「稼げるまちをつくることはできる」と感じていただくことにあります。

地域で話を聞くと、そもそも「うちの地域にはなにもない」「自分たちに地域の活性化なんて無理」と思い込んでいる人が非常に多いと感じます。

しかし、全国で観光地域づくりをお手伝いしていて思うのは、「なにもない地域なんてない」ということです。

どの地域にもすばらしい地域資源、観光資源がたくさんあります。それらを見つけて磨き上げ、地域の外に売っていくには方法やコツがある。地域の人はそれを知らないだけです。あるいは知っていても、本業が忙しいなどの理由で、できる人がいないだけなのだと思います。

地域の「あるべき姿」を定めてゴールを見つけ、そこへ向けての道筋を事業開発視点で描く。観光地域づくりの要諦はそこにあります。あとは地域の現場で、「①みつける ②みがく ③つなぐ」の3ステップに沿って、住民がしっかりと役割を果たしていくだけです。できない部分やわからないことについては「よそ者」の知恵と力をどんどん借りる。そうして地域や人を「機能」させていく。

この「南小国モデル」は、日本全国どこでも通用するはずです。

町外から見ると、南小国町の急成長は一見、〝奇跡〟のように見えるかもしれません。しかし、この〝奇跡〟は、地域が本気で「変わりたい」という意思を持ってそれなりの行動を取るなら、どこでも起こりうる可能性のある〝奇跡〟なのです。

最後に、南小国町長の髙橋周二さん、南小国町役場のみなさん、南小国町のみなさん、そしてSMO南小国のスタッフに、お礼を申し上げたいと思います。ありがとうございました。

稼ぐ町をつくるための手法を提供したのは私たちDHEかもしれませんが、実際にそれを理解し、観光地域づくりをやり遂げたのは南小国町のみなさんです。そのすばらしい取り組みに伴走させていただき、私自身も勇気づけられました。心から感謝申し上げます。

本書の執筆活動に多大なるご指導をいただきましたCCCメディアハウスの鶴田さん、取材・編集にご協力をいただきました横山さん、どうもありがとうございました。

そして、本業務に集中できるよう家庭をしっかり守ってくれた妻・望みと娘・寿みれにも感謝しています。ありがとう。

この本が、日本全国の読者のみなさんの住むまちで役立つことを、心から願っています。

2021年3月

柳原秀哉

［著者プロフィール］

柳原秀哉（やなぎはら・ひでや）

DHE株式会社代表取締役社長。

1969年、京都生まれ。創業まもないデジタルハリウッド株式会社（デジハリ）に入社し、2003年にデジタルハリウッド・エンタテインメント株式会社（2015年よりDHE株式会社）創業。「日本版DMO」設立・運用コンサルティングをはじめとしたブランディング視点での観光地域づくりや地域活性化支援の他、インバウンド向けソリューション、SNS運用やYouTube映像などを活用したデジタルマーケティング施策、ネットメディアの開発・運営など幅広く事業展開している。

南《みなみ》小《お》国《ぐに》町《まち》の奇《き》跡《せき》
稼《かせ》げる町《まち》になるために大切《たいせつ》なこと

2021年4月10日　初版発行

著　　者　柳原秀哉
発 行 者　小林圭太
発 行 所　株式会社CCCメディアハウス
〒141-8205 東京都品川区上大崎3丁目1番1号
☎03-5436-5721（販売）☎03-5436-5735（編集）
http://books.cccmh.co.jp

印刷・製本　株式会社新藤慶昌堂

©Hideya Yanagihara, 2021　Printed in Japan
ISBN978-4-484-21203-6

落丁・乱丁本はお取り替えいたします。
無断複写・転載を禁じます。